LERNERLEBNIS

ENTDECKEN - HANDELN - VERSTEHEN

Mittelalter

Erarbeitet von
Roswitha Tewes-Eck und Erich Dunkel

Best.-Nr. 024604 8

Schöningh

Bildquellenverzeichnis

AKG, Berlin: S. 57, S. 61 (o.r., u.M.), S. 70 (o., u.l.); aus: Alltag im Spätmittelalter, hg. von Harry Kühnel, Edition Kaleidoskop, Verlag Styria, Graz/Wien/Köln 1984, S. 216: S. 52; aus: Wilhelm Avenarius, Ritter und Burgen, Schlösser und Festungen, Görres Verlag, Koblenz 1996, Abb. 19: S. 3; aus: Claudia Beckers-Dohlen/Simone Baße, Markt, Turnier und Alltagsleben im Mittelalter, Verlag König Communication, Greiz 2000: S. 38, S. 39 (2), S. 41, S. 53, S. 62 (o.), S. 63 (2), S. 68, S. 77; Bildarchiv Preußischer Kulturbesitz, Berlin: S. 54, S. 56; British Museum, London: S. 10 (r.); aus: Philippe Brochard/Pierre Miquel: So lebten sie zur Zeit der Ritter und Burgen, Tessloff Verlag, Nürnberg 1993: S. 22; aus: Franco Cardini, Il Medioevo in Europa, illustrazioni di Alessandro Bartolozzi, Giunti Gruppo Editoriale, Firenze 1999: S. 25; dpa-Bildarchiv: S. 61 (2. Zeile M., u.l.); aus: Erinnerungen an die Löwenburg, Pfingsten 1917 (Anonymer Privatdruck): S. 20; Rainer Gaertner DGPh, Köln: S. 61 (3. Zeile r.); Germanisches Nationalmuseum, Nürnberg: S. 66; Hansmann, München: S. 72 (u.); Foto: Andreas Hartmann/Stadt Hildesheim: S. 61 (o.l.); aus: Franz Heinemann: Der Richter und die Rechtsgelehrten. Justiz in früheren Zeiten (Fotomechanischer Nachdruck der Ausgabe Leipzig 1900), Eugen Diederichs Verlag, Düsseldorf/Köln 1969: S. 75; aus: Otto Henne am Rhyn, Geschichte des Rittertums, Emil Vollmer Verlag, o.J., S. 74: S. 35; Günter Hettinger, © 2002 Dombauhütte Köln: S. 59, S. 60, S. 9/Lösungen (2), S. 10/Lösungen (2); nach: Christa Holtei, Ritterleben auf der Burg, Kinderbuchverlag, Luzern 1999, S. 60: S. 49; Kunstverlag Maria Laach: S. 61 (2. Zeile r., 3. Zeile l.); laenderpress: S. 61 (2. Zeile l., u.r.); aus: Walter Leonhard, Das große Buch der Wappenkunst, Verlag Georg D.W. Callwey, München 1976: S. 29; aus: Charlotte Lowack, Modekunde. Kleines Arbeits- und Bildbuch, Verlag Handwerk und Technik, Hamburg 1987: S. 45 (2), S. 76 (4); aus: Fiona MacDonald/John James: Eine Kathedrale im Mittelalter, Tessloff Verlag, Nürnberg 1992: S. 9 (2), S. 10 (l.); mediacolor's: S. 61 (o.M., 3. Zeile M.), S. 83 (u.); aus: Pierre Miquel, So lebten sie zur Zeit der Ritter und Burgen, Illustrationen von Pierre Probst, Tessloff Verlag, Hamburg 1976, S. 34: S. 36; Mittelalterliches Kriminalmuseum Rothenburg ob der Tauber: S. 64, S. 65, S. 82 (2), S. 84 (o.); Eberhard Morell /OKAPIA: S. 69; aus: Ernst Mummenhoff, Der Handwerker in der deutschen Vergangenheit, Eugen Diederichs Verlag, Düsseldorf/Köln 1924: S. 70 (u.r.); aus: Hermann Peters, Der Arzt und die Heilkunst in alten Zeiten, 6. Aufl., Eugen Diederichs Verlag, Düsseldorf/Köln 1979 (Fotomechanischer Nachdruck der Erstausgabe von 1900): S. 74 (2); aus: Heinrich Pleticha, Bürger, Bauer, Bettelmann. Stadt und Land im späten Mittelalter, Arena Verlag, Würzburg 1971: S. 55, S. 72 (o.); aus: Emil Reicke, Magister und Scholaren, Eugen Diederichs Verlag, Düsseldorf/Köln 1971 (Fotomechanischer Nachdruck der Ausgabe Leipzig 1901): S. 11, S. 12, S. 16, S. 73; aus: Klaus-Peter Schäffel, Kleine Schreibschule. Arbeitsblätter für die Kalligraphie, Abraxas, Basel 1996: S. 18 (M.), S. 2/Lösungen (o.); aus: Alwin Schultz, Das höfische Leben zur Zeit der Minnesinger, Bd. 2, Verlag S. Hirzel, Leipzig 1880: S. 24, S. 43; Siebengebirgsmuseum Königswinter: S. 31; Stadtarchiv Kelheim: Kelheimer Hexenhammer: S. 81; Stadtarchiv Volkach: S. 78, S. 80 (7); Stadtbibliothek Laon/G. Dagli Ort: S. 8; Stadtmuseum Berlin/Museumsdorf Düppel: S. 84 (u.); Stiftsbibliothek St. Gallen, Schweiz: S. 19; aus: Wim Swaan, Die großen Kathedralen, DuMont, Köln 1996: S. 58; Universitätsbibliothek Frankfurt, No. 381, sig. k6 vo.: S. 30; Universitätsbibliothek Heidelberg: S. 28, S. 34, S. 40, S. 42, S. 44 (2), S. 46 (6), S. 47, S. 48; Verein Deutsche Burgenvereinigung auf der Marksburg, Braubach: S. 23; Verlag am Klosterhof, St. Gallen: S. 83 (o.); weitere: Verlagsarchiv Schöningh, Paderborn.

Sollte trotz aller Bemühungen um korrekte Urheberangaben ein Irrtum unterlaufen sein, bitten wir darum, sich mit dem Verlag in Verbindung zu setzen, damit wir eventuell notwendige Korrekturen vornehmen können.

Zeichnungen (S. 21, 50, 51): Sebastian Queren, Plettenberg

Für die wissenschaftliche Beratung und die vielen wertvollen Hinweise bedanken wir uns herzlich bei:

Herrn Dr. Elmar Heinen — *Königswinter*

sowie bei:

Frau Simone Baße M. A. — *Bonn*

Frau Claudia Beckers-Dohlen M. A. — *Aachen*

Herrn Günter Hettinger — *Dombauhütte zu Köln*

Herrn Dr. Karl Schmuki — *Stiftsbibliothek des Klosters St. Gallen, Schweiz*

Herrn Karl-Heinz Schneider — *Kriminalmuseum Rothenburg ob der Tauber*

Herrn Knud Seckel — *Dilsberg*

Umschlaggestaltung und Illustrationen: Veronika Wypior

Website
www.schoeningh.de

E-Mail
info@schoeningh.de

Druck: westermann druck GmbH, Braunschweig

Druck 5 4 3 2 1 Jahr 07 06 05 04 03

ISBN 3-14-024604-8

Dieses Werk folgt der reformierten Rechtschreibung und Zeichensetzung. Ausnahmen bilden Texte, bei denen künstlerische, philologische oder lizenzrechtliche Gründe einer Änderung entgegenstehen.

Vorwort

Die Reihe

Lernerlebnis Geschichte beschäftigt sich mit der Geschichte der Menschheit von den Anfängen bis zum Beginn der Neuzeit.
Damit deckt die Reihe, bestehend aus 6 Themenheften (*Ur- und Frühgeschichte, Ägypten – Hochkultur am Nil, Griechische Antike, Römische Antike, Mittelalter, Zeitalter der Erfindungen und Entdeckungen*), die Inhalte des Geschichtsunterrichts bis ungefähr zur Jahrgangsstufe 8 in der Sekundarstufe I ab.

Lernerlebnis Geschichte versteht sich als Ergänzung zum jeweiligen an den Schulen benutzten Geschichtslehrbuch. Von der Konzeption her ist die Reihe damit lehrwerkunabhängig einsetzbar.

Lernerlebnis Geschichte ersetzt keine Geschichtsbücher, weil es ganz bewusst nicht die traditionellen Inhalte der Geschichtsbücher wiederholt. In dieser Reihe geht es vielmehr darum, dass der Lernende sich mit den angebotenen Unterrichtsinhalten identifiziert, sich in die jeweilige Epoche hineinversetzen kann, das Spannende und Aufregende einer jeden Phase der Geschichte spürt und möglichst hautnah miterlebt.

Lernerlebnis Geschichte präsentiert Geschichtsinhalte in einer Form, die eine unmittelbare unterrichtliche Umsetzung ohne aufwändige Vorbereitung erlaubt. Die hier angebotenen Kopiervorlagen unterstützen die modernen Formen des Unterrichts, die sich durch Lehrpläne und Richtlinien legitimieren.
Die Einsatzmöglichkeiten des Materials sind dabei weit gespannt. Sie reichen vom eher spielerischen Einsatz über Freiarbeit, offenen Unterricht, Projektarbeiten und Handlungsorientierung bis hin zum variablen, lehrwerkbegleitenden Unterricht in der Sekundarstufe I.

Das Themenheft

Lernerlebnis Mittelalter enthält Arbeitsmaterialien, mit denen die Schülerinnen und Schüler weitgehend selbstständig umgehen können.
Es wird aber auch Vorwissen vorausgesetzt, das im Geschichtsunterricht erworben wurde.
Viele der Texte, Bilder, Aufgaben und Spiele können direkt im **Lernerlebnis** bearbeitet werden. Manchmal benötigt man noch zusätzliche Materialien, die sich aber bestimmt in der Schulausrüstung der Schülerinnen und Schüler befinden.
Auch wenn das Themenheft nur auszugsweise genutzt wird, z.B. beim Einsatz ausgewählter Kopiervorlagen im Unterricht, empfiehlt sich das Anlegen einer Mappe (ein DIN-A4-Ordner oder Schnellhefter), in der alles gesammelt wird, was nicht direkt in das Themenheft eingetragen werden kann oder soll.
Nicht immer arbeiten Schülerinnen und Schüler allein. Manche Aufgaben und Spiele erfordern die Hilfe von Mitschülerinnen oder Mitschülern. Vermutlich wird Neues ohnehin viel lieber in der Gruppe als allein entdeckt!
Durch das Inhaltsverzeichnis geben wir eine mögliche Reihenfolge der Bearbeitung vor. Eine andere Form der Bearbeitung ist aber auch möglich, sodass auch einmal etwas übersprungen werden kann. So wird auch eine Beschäftigung mit den Themen möglich, die Schülerinnen und Schüler am meisten interessieren. Immer findet man leicht heraus, ob das Vorwissen reicht, damit Freude und Erfolge beim Lernen erhalten bleiben.

Hallo, ihr Mittelalter-Begeisterten,

auf nahezu jeder Seite in diesem LERNERLEBNIS findet ihr die unten abgebildeten Lernbegleiter.
Wenn ihr ihnen begegnet, wisst ihr schon genau, was euch erwartet.

Hier stellen sie sich vor:

„Ich bin ein stolzer Falke. Mein Herr trägt mein Bild sogar in seinem Wappen. Hoch oben am Himmel ziehe ich meine Kreise. Meinen Falkenaugen entgeht nichts.
Also aufgepasst!
Immer wenn ihr mich seht, statte ich euch mit zusätzlichem Wissen aus."

„Ich bin der Lieblingshund meines Herrn. Bei keiner Jagdgesellschaft darf ich fehlen.
Weil ich stets an Neuem interessiert bin und Kinder gerne habe, darf ich euch die Aufgaben stellen."

„Hier seht ihr mich mit meinem Freund. Er ist zwar ein wenig jünger als ich und noch sehr verspielt, aber manchmal will man einfach nicht alleine sein.
Immer, wenn ihr uns seht, haben wir uns eine Zusatzaufgabe ausgedacht.
Sie kann von den besonders Fleißigen zu zweit oder in kleinen Gruppen gelöst werden."

„Wir wünschen viel Freude mit dem
LERNERLEBNIS MITTELALTER!!!"

Inhaltsverzeichnis

❒ Das mittelalterliche Weltbild

Das Denken und Handeln der Menschen im Mittelalter wurde durch das Christentum geprägt. Jeder – welchem Stand er auch angehörte – fühlte sich als Teil der göttlichen Ordnung. Allen Menschen gemeinsam war auch die Sorge um ihr Seelenheil. Würden ihre Seelen am Tag des Jüngsten Gerichts ins Paradies gelangen oder ewig in der Hölle schmoren?

Welche große Bedeutung das Christentum hatte, zeigt sich auch in der mittelalterlichen Vorstellung von unserer Erde.
Beschreibt die hier abgebildete Weltkarte und vergleicht sie mit unserem Weltbild.

Wer hat's gemerkt?
Während unsere Landkarten „genordet" sind, also oben Norden und unten Süden ist, waren die Landkarten im Mittelalter immer „geostet". Das Paradies, das man genau wie die heiligen Stätten der Christenheit im Osten ansiedelte, lag also nicht etwa rechts am Kartenrand, sondern – wie es sich gehörte – ganz oben auf der Karte.

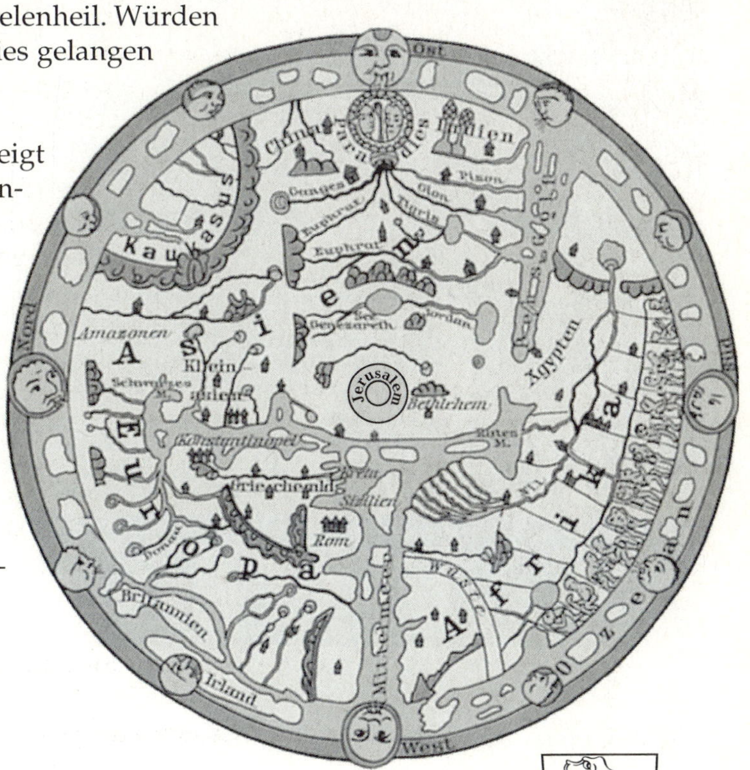

Ergänzt du die fehlenden Begriffe in der richtigen Reihenfolge, verrät dir der folgende Text mehr über die mittelalterliche Vorstellung von unserer Erde:
Bäume, Gegenfüßler, Jerusalem, Mittelmeer, Ozean, Paradies, Regen, Scheibe, Sonne, Süden, Tod.

Die Welt hat die Form einer ________________ und ist so groß, dass sie niemals ein Mensch durchschreiten kann. Unbeweglich liegt sie in einem riesigen Wasser, dem ________________ . Und wird umkreist von Planeten und der ________________ . Im Zentrum der Welt befindet sich ________________ , die Heilige Stadt. Für die damaligen Menschen ist sie nur über das gefahrvolle ________________ zu erreichen. Am äußeren Rand der Erde, ganz im ________________ , soll es schreckliche Monster geben: Menschen mit Tierköpfen, Tiere mit zwei Köpfen und sogar Menschenfresser.

Und ganz im Osten, auf einem hohen Berg, umgeben von einer hohen Flammenwand, liegt das ________________ . Hier gibt es weder Alter noch Tod, weder Jammer noch Not. Doch niemand darf es vor seinem ________________ betreten.

Was es aber auf der anderen Seite der Erde gibt, weiß niemand so genau. Manche glauben, dass dort ________________ leben, Menschen, deren Füße oben und deren Köpfe unten hängen. Man stellt sich vor, dass der ________________ hinauffällt und die ________________ nach unten wachsen.

❐ Ludgers erster Tag im Kloster

Ludger ist der jüngste Sohn des Grafen Berthold. Er ist Schüler der äußeren Schule im Kloster St. Gallen. Hier hat er Lesen und Schreiben gelernt. Bei seinen Lehrern ist Ludger beliebt, denn er ist fleißig, und wegen seiner schönen Handschrift wird er von allen gelobt.
Als die Eltern ihren Sohn an seinem 13. Geburtstag besuchten, machte der Schulvorsteher dem Vater den Vorschlag, Ludger in die innere Schule für Novizen aufzunehmen, damit er später einmal Mönch werden könne.
Graf Berthold gefiel der Gedanke, denn seine Burg hatte er dem ältesten Sohn versprochen. Durch die Aufnahme ins Kloster wäre Ludgers Zukunft gesichert. Und er könnte für das Seelenheil der ganzen Familie beten. So nahm der Graf das Angebot gerne an. Zum Dank und als Gegenleistung schenkte er dem Kloster einen kleinen Weinberg und damit war die Sache perfekt.

Heute ist es so weit. Vater und Mutter begleiten Ludger auf seinem Weg ins Kloster. Am Eingang wartet bereits der Novizenmeister, um den neuen Schüler in Empfang zu nehmen. „Ludger, komm zu mir. Deine Eltern werden hier eine Weile auf dich warten müssen, bis ich wenigstens vom Aussehen her einen kleinen Mönch aus dir gemacht habe. Du hast dich für ein Leben nach unseren strengen Regeln entschieden und es ist das Beste, dich mit einigen davon sofort vertraut zu machen. Na, dann folge mir mal!"
Als Erstes muss Ludger seine Kleidung ablegen und er wird in eine schwarze Mönchskutte gesteckt, wie sie alle hier im Kloster tragen. Dazu bekommt er die Kukulla, einen Schulterumhang mit Kapuze. Alle persönlichen Sachen, bis auf sein Schreibzeug für die Schule, werden ihm abgenommen.
„Die können deine Eltern mit nach Hause nehmen. Du hast jetzt alles, was du als Novize brauchst. Mehr darfst du auch gar nicht besitzen. Befolge diese Regel und verstoße nicht dagegen!"
Die Worte des Novizenmeisters hat Ludger noch nicht ganz begriffen, da sitzt er auch schon in einem Raum, wo man ihm seinen Kopf bis auf einen Haarkranz kahl schert. Danach bekommt er noch sein Bett im Schlafsaal der Novizen zugewiesen. Keine Zeit für Fragen. Es geht zurück zur Pforte. Jetzt heißt es von den Eltern Abschied nehmen. Diese erkennen ihren Sohn, der schon wie ein richtiger Benediktinermönch aussieht, kaum wieder.
Ludger ist nahe daran loszuheulen, als er Mutter und Vater zum Abschied umarmt. Auch seine Eltern haben Tränen in den Augen. Jetzt fallen Ludger alle die Dinge ein, auf die er für immer verzichten muss. Er denkt an die Burg, an seine Geschwister, erinnert sich an fröhliche Feste, herrliche Jagdabenteuer ... Als er an seinen Lieblingsfalken denkt, kullern doch die Tränen. Der Novizenmeister legt seinen Arm um Ludgers Schultern. Sanft zieht er ihn von den Eltern weg. Diese stehen noch lange regungslos vor der Pforte, die sich hinter ihrem Sohn geschlossen hat.

In einem Brief schildert Ludger seiner Schwester Uta, die in einem Nonnenkloster unterrichtet wird, was er heute alles erlebt, was er gedacht und empfunden hat.
Schreibe diesen Brief an Uta.

❐ „Wir leben nach den Regeln des heiligen Benedikt!"

Ludger hat vom Abt die Erlaubnis bekommen, seinen Freund Diethelm in der äußeren Klosterschule zu besuchen. Als sich die beiden treffen, kommt Diethelm überhaupt nicht zu Wort. Ludger redet wie ein Wasserfall.

„Du weißt ja, dass ich seit kurzem die Novizenschule besuche. Dort ist alles ganz anders als hier. So streng und hart habe ich mir das Mönchsleben nie und nimmer vorgestellt und schon wir als Novizen müssen uns an die Regeln des heiligen Benedikt[1] halten.
Nachts um zwei, wenn du noch tief schläfst, weckt mich schon die Klosterglocke. Dann springe ich eilig aus meinem Bett. Es dauert keine fünf Minuten und schon sitze ich mit den anderen Schülern in der Kirche. Ja, schau nicht so! Das geht wirklich so schnell, denn ich schlafe in der Kleidung, in der du mich jetzt siehst. Wir müssen jederzeit bereit sein. Nach dem Gottesdienst ziehen wir uns zurück, um in der Heiligen Schrift zu lesen. Ehe ich mich versehe, ist der Morgen angebrochen. Nach einer kleinen Mahlzeit treffen wir uns um neun Uhr wieder zum gemeinsamen Gebet. Dann beginnt unsere Novizenschule. Sieben Stunden muss ich die Schulbank drücken. Kichern im Unterricht und Faxen machen? Vergiss es! Bei uns zählen nur Arbeit und Fleiß.
Der Unterricht wird zweimal unterbrochen: mittags um zwölf Uhr – dann gibt es auch wieder eine Kleinigkeit im Refektorium zu essen – und nachmittags um drei Uhr. Nach der Schule treffen wir uns noch zum Sechs-Uhr-Gebet. Die Mönche haben es nicht besser. Während ich in der Schule büffle, arbeiten sie in den Gärten, als Küchenmeister, in der Schreibstube, dem Scriptorium, oder aber bei uns als Lehrer.

Beim Nachmittagsgebet bin ich tatsächlich schon einmal vor Erschöpfung eingenickt. Ich weiß nicht, was passiert wäre, wenn mich nicht ein Mitschüler recht unsanft angestoßen hätte. Du kannst dir vorstellen, wie ich aufgeschreckt bin.
Um acht Uhr, nach der letzten kleinen Abendmahlzeit, beginnt bei uns die Nachtruhe. Jetzt darf kein Wort mehr gesprochen werden. Aber ich falle ohnehin todmüde ins Bett.

[1] Benedikt von Nursia lebte von ungefähr 480 bis 547. Er gründete das Kloster Montecassino in Italien, eines der ältesten Klöster Europas. Er stellte Ordensregeln auf, die Grundlage für das gesamte Ordensleben waren. Auch für andere Mönchsorden hatten diese Regeln Bedeutung.

Ob unser Abt streng ist? Ich habe niemals einen strengeren Menschen kennen gelernt. Er verlangt von uns absoluten Gehorsam und mahnt uns ständig zu Bescheidenheit und Frömmigkeit. Wenn ich ihm begegne, dann schlage ich die Augen nieder und zeige meine Demut.
Ständig kontrolliert der Novizenmeister im Auftrag des Abts unseren Schlafsaal und hebt sogar die Matratzen hoch. Unsere Regeln sagen, dass wir in völliger Armut leben müssen. Nichts darf uns außer unserer Kutte gehören. Selbst unser Schreibwerkzeug gehört der Gemeinschaft. Wehe, wenn wir etwas Privates verstecken!
Und gestern wurde bei einem solchen Kontrollgang doch tatsächlich eine Münze bei einem von uns entdeckt. Da war aber richtig was los! Drei Wochen lang wird der Schüler aus unserer Gemeinschaft ausgeschlossen.
Aber einige Mönche sind auch nicht ohne: Einer wurde einmal in den Keller geschickt, um Wein für den Abt abzufüllen. Unten im Keller trank er jedoch mehr, als er mit nach oben brachte. Wir lachen immer noch darüber, wie er schwankend vor dem Abt stand und nicht in der Lage war, den Wein ins Glas zu gießen. Der Abt wusste genau, was los war, und verhängte strenge Strafen: Drei Tage lang gab es kein Essen, dafür einen Stehplatz in der Kirche. Da war mal richtig was los in der Basilika. Du kannst dir ja vorstellen, wie froh wir waren, dass es mal keinen Novizen erwischt hatte."

1 Fasse den Tagesablauf eines Novizen und deinen eigenen in einer kurzen Übersicht zusammen. Vergleiche.

2 Im Buchstabenrechteck findest du 10 Schlüsselbegriffe (Nomen), die das Leben der Benediktinermönche bestimmten. Alle kommen in dem Text vor, den du gerade gelesen hast. Die Begriffe sind horizontal, vertikal und auch diagonal versteckt.

C	D	F	G	F	F	R	Ö	M	M	I	G	K	E	I	T
A	H	D	S	T	U	L	K	S	M	B	F	L	P	A	B
R	A	B	E	G	E	M	E	I	N	S	C	H	A	F	T
B	H	A	R	M	U	T	Z	I	F	R	E	G	E	L	N
E	D	N	L	E	U	A	T	Z	ß	J	S	H	K	O	P
I	R	G	E	B	E	T	E	T	E	Q	W	V	U	G	A
T	C	G	F	H	I	S	A	G	E	H	O	R	S	A	M
U	R	B	E	S	C	H	E	I	D	E	N	H	E	I	T

❐ Mein Leben als Benediktinermönch

Bruder Iso erzählt:

„Schon viele Jahre lebe ich als Mönch im Kloster St. Gallen. Seht mich an! Zeige ich nicht schon durch meine Ordenstracht, dass ich mein Leben Gott geweiht habe? Meine Brüder und ich wollen Gott und auch den Menschen dienen. Unsere Nächstenliebe gilt jedem, auch den Armen, Schwachen und Kranken. Von weit her kommen die Kranken, um sich bei uns im Aderlasshaus oder Hospital behandeln zu lassen.
Ja, fast gegen jede Krankheit ist ein Kraut gewachsen in unserem Heilkräutergarten.
Auch die Bestattung der Toten gehört zu unseren Aufgaben. Einen Platz im Himmelreich erhoffen wir uns als Lohn für all unser Tun.
Zum stillen Gebet versammeln wir uns in der Klosterkirche. Aber auch im Kreuzgang, dem Innenhof unseres Klosters, beten wir schweigend zu Gott.
Mit Gebeten beginnt und endet jeder Tag.

Wenn wir uns zum Stundengebet der Prim (am frühen Morgen) im Kapitelsaal versammeln, dann beraten wir und manchmal werden auch Strafen ausgesprochen, wenn gegen die Regeln des Klosterlebens verstoßen wurde. Auch wir Mönche sind nicht immer ohne Fehl und Tadel. Doch die Vernachlässigung von Pflichten oder gar Nichtstun und Faulenzen darf es für uns nicht geben. Hier gilt: ‚Bete und arbeite!' Nach dem Abendessen im Refektorium, dem Speisesaal des Klosters, beschließt ein gemeinsames Abendgebet den Tag. Wir nennen das ‚Komplet'.

Danach ziehen wir uns in den Schlafsaal zurück, den wir Dormitorium nennen. Er liegt im ersten Stock und hat 79 Betten. Bitterkalt ist es hier im Winter.
Ja, eigentlich ist es im ganzen Kloster frostig, denn all unsere Räume sind bis auf einen unbeheizt. Nur im Tagesraum, der sich unter dem Dormitorium befindet, spendet ein Ofen wohlige Wärme.

Sich für ein solches Leben zu entscheiden, ist kein leichter Schritt, doch ich habe ihn seit meiner Zeit als Novize noch nie bereut."

Neben den Benediktinern gibt es noch weitere bedeutende Mönchsorden, z.B. die Zisterzienser. In graue Kutten gehüllt, wollen sie ein noch entbehrungsreicheres Leben führen als die Benediktiner. Ganz auf die Bequemlichkeiten eines Klosters verzichteten die Franziskaner. In ihren einfachen braunen Kutten zogen die Franziskanermönche und -nonnen mit einem Bettelsack auf dem Rücken durch die Städte und lebten dort in ärmlichen Unterkünften. In der Nachfolge von Jesus Christus waren sie als Seelsorger tätig, trösteten die Kranken und halfen den Armen. Gegründet wurde dieser Bettelorden von Franz von Assisi (1181–1226).

Auch heute noch gibt es Klöster, manche sogar mit eigener Homepage.
Wie sieht das Leben eines Mönchs oder einer Nonne in der heutigen Zeit aus?
Findet es (z.B. mithilfe des Internets) heraus.

❒ Klosterrätsel

1. Schüler, die einmal Mönche werden wollen
2. Schreibstube im Kloster
3. Das Obergewand der Mönche
4. Speisesaal der Mönche
5. Nach seinen Regeln richten sich die Mönche.
6. Versammlung der Mönche zum Abendgebet
7. Innenhof eines Klosters
8. Er ist der Klostervorsteher.
9. Das verlangt der Vorsteher von den Mönchen.
10. Schlafsaal der Mönche
11. Versammlungsraum der Mönche

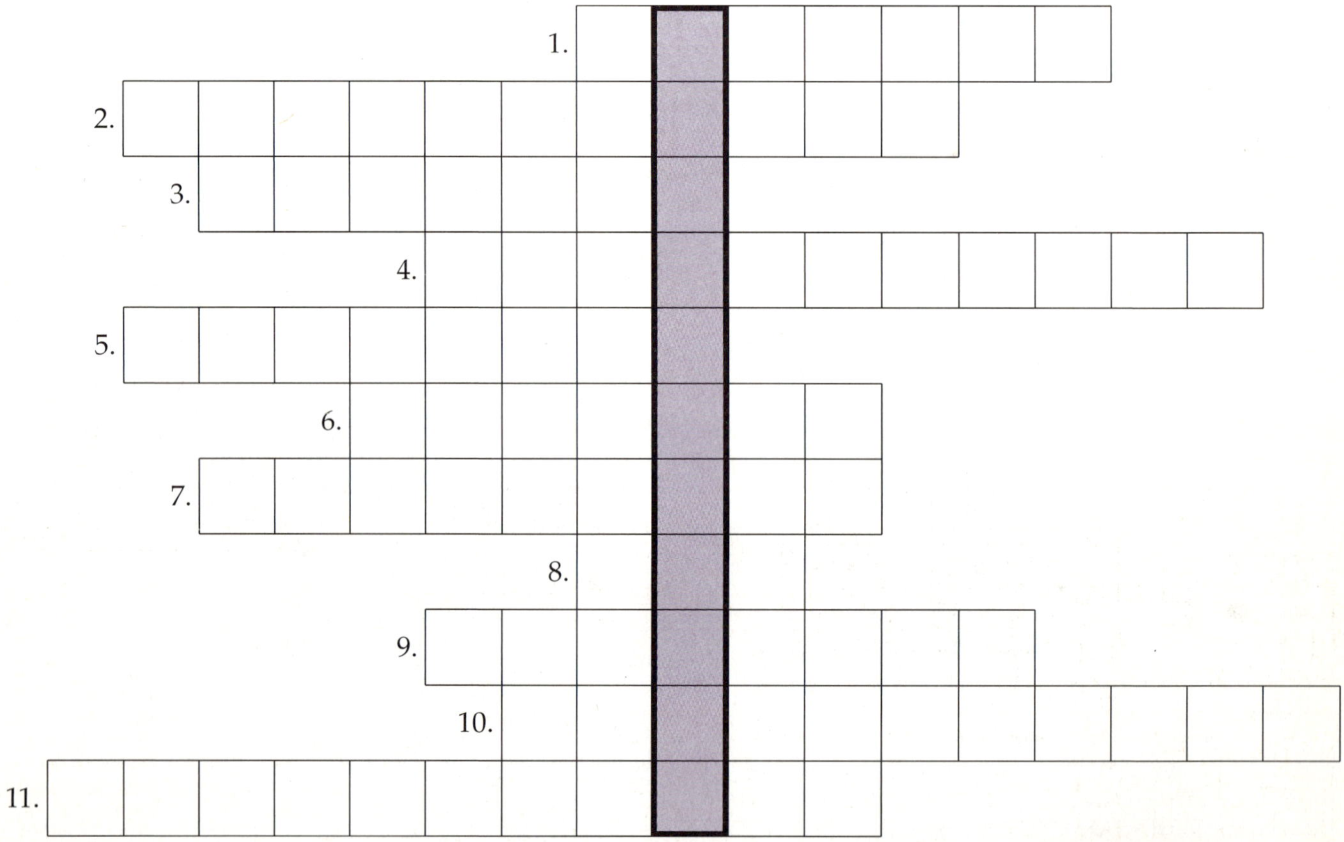

Trage die Buchstaben der farbig unterlegten Felder von oben nach unten gelesen hier ein.
Dies ist – in lateinischer Sprache – die Lebensregel der Mönche und Nonnen.

„___ ___ ___   ___ ___   ___ ___ ___ ___ ___ ___"

Bruder Iso hat diese Regel bereits ausgesprochen.
Entdeckst du sie auf der vorigen Seite, dann hast du auch die Übersetzung.

❒ Die Klosteranlage St. Gallen

„Das Kloster ist so anzulegen, dass alles Notwendige, nämlich Wasser, Mühle, Gärten und die verschiedenen Werkstätten, sich innerhalb der Klostermauern befindet. So brauchen die Mönche nicht draußen umherzulaufen, was für ihre Seelen durchaus nicht zuträglich ist ...“
(Aus der Ordensregel des heiligen Benedikt)

So ungefähr hat die Klosteranlage St. Gallen im Mittelalter ausgesehen:

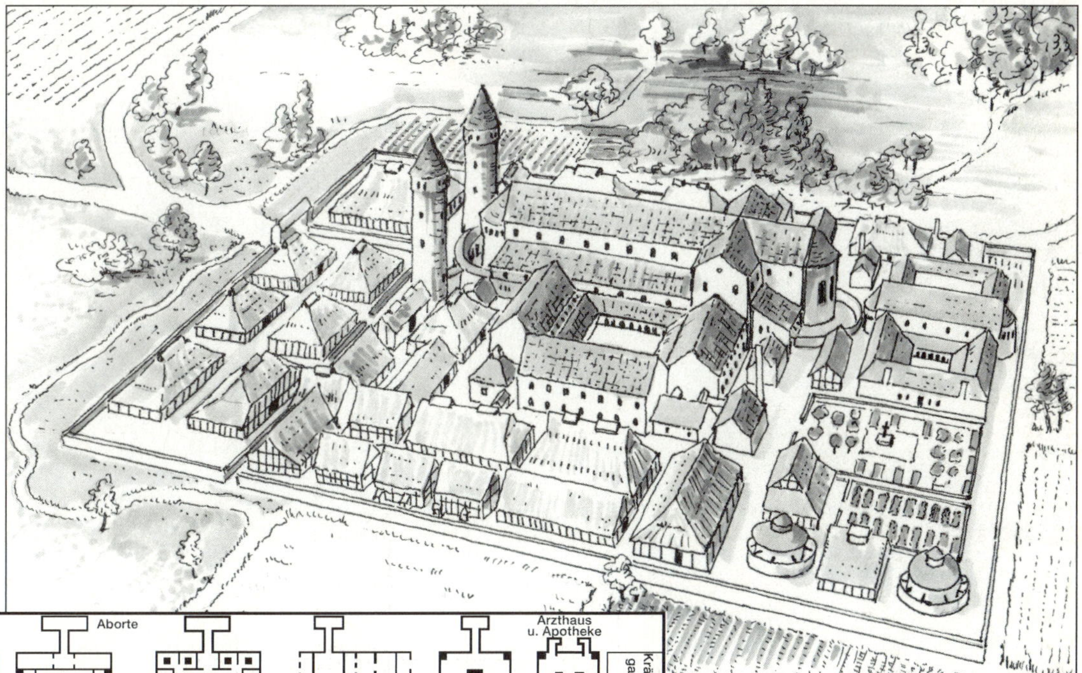

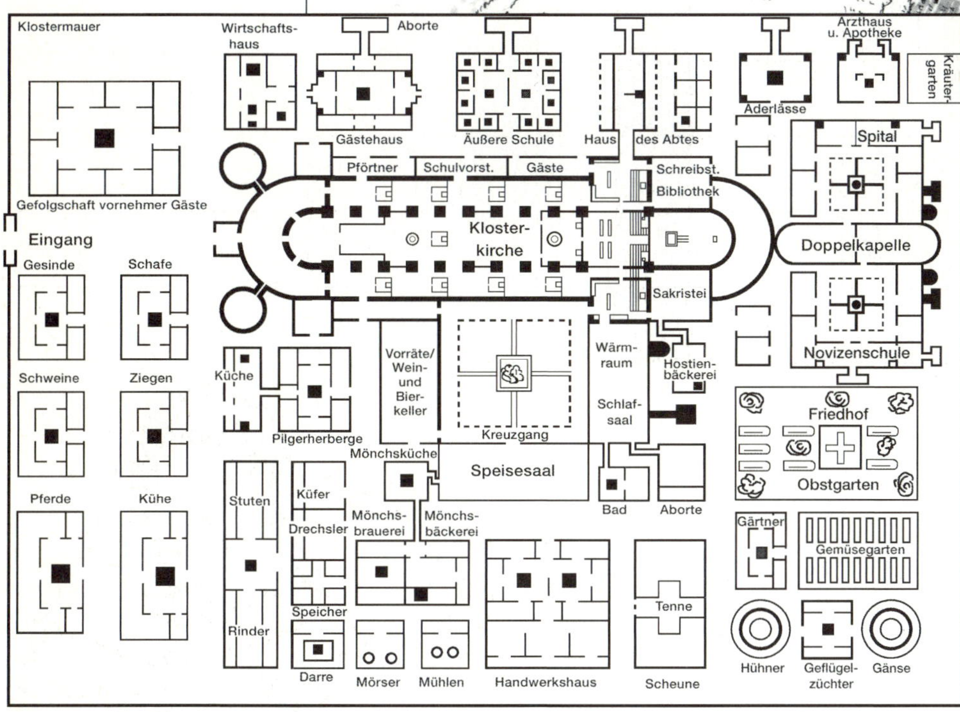

Die Rekonstruktionszeichnung oben entstand nach einem Klosterplan aus dem neunten Jahrhundert. Findest du mithilfe des Planes in der Zeichnung alles wieder?

- Male dann im Plan die um den Kreuzgang konzentrierte „Klausur“ (lat. claustrum: abgeschlossener Ort), den eigentlichen Kern des Klosters, rot, den Bereich der Novizen braun aus.
- In einigen Gebäuden fanden Schüler, Pilger, Reisende und Kranke Aufnahme. Male diese Bereiche blau aus.
- Male alle Bereiche, die der vom heiligen Benedikt geforderten Selbstversorgung des Klosters dienten, grün aus.

In der Klosterkirche

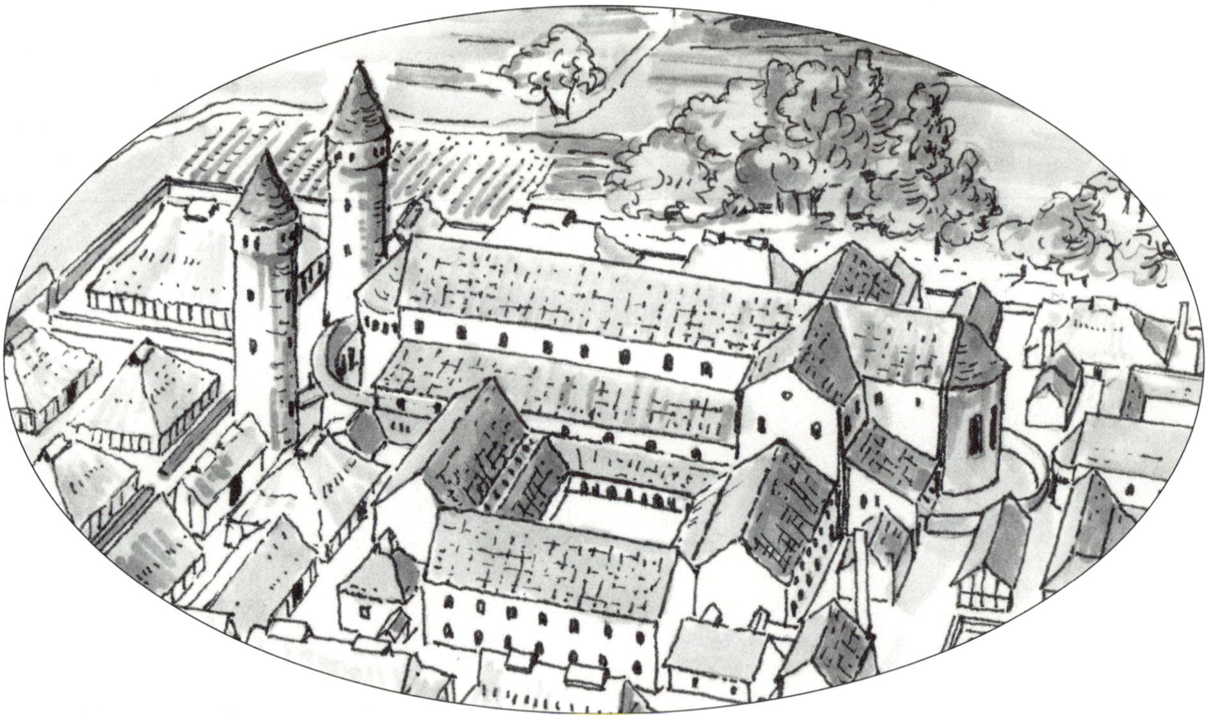

Am heutigen Sonntag will der Abt Theophanus die neuen Klosterschüler durch die Klosterkirche führen. Die kleine Gruppe marschiert zwischen den beiden runden Glockentürmen hindurch und betritt die Kirche durch das Rundbogen-Portal. Aber lassen wir Ludger selbst erzählen.

„Was soll ich heute noch Neues erfahren? Ich weiß doch, dass dies unsere Kirche ist. Na, ich lass mich mal überraschen. Und jetzt geht es auch schon los. ‚Wir stehen jetzt im mächtigen Mittelschiff', sagt der Abt. Doch ich sehe kein Schiff, sondern eine hohe, quaderförmige Halle, deren Wände von den Mönchen kunstvoll ausgemalt worden sind. Der Abt weist uns auf den runden Taufbrunnen hin, doch ich bin viel mehr beeindruckt von den hohen Säulen, die das Mittelschiff begrenzen. Obwohl ich damit nichts anfangen kann, habe ich mir die Erklärung des Abtes genau gemerkt: ‚Hier teilen Säulen mit würfelförmigen Kapitellen das Hauptschiff von den Seitenschiffen ab.'

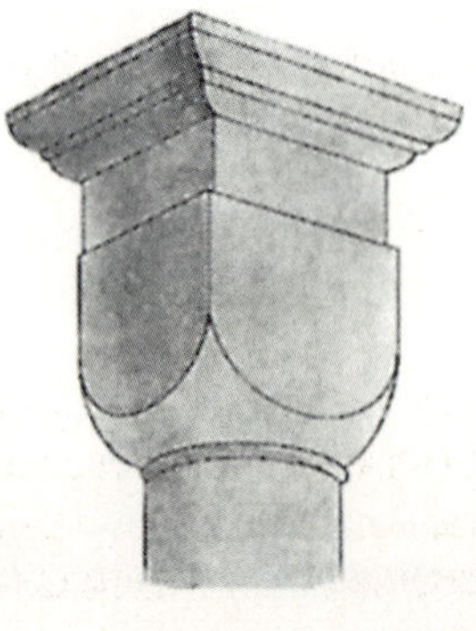

Was er als Seitenschiffe bezeichnet, können ja nur die wesentlich niedrigeren Anbauten rechts und links sein. Hier stehen an beiden Seiten jeweils vier Altäre. Während wir ihm weiter durch das Mittelschiff folgen, erzählt er uns, dass dieser Teil der Kirche der römischen Basilika nachempfunden ist, die den Römern als Gerichts- oder Markthalle diente. Ich flüstere dem Abt zu, dass mich der Innenraum der Kirche an ein riesiges Kreuz erinnert. Er lobt mich und erklärt es dann allen: ‚Das aus Mittelschiff und Seitenschiff bestehende Langhaus bildet mit dem Querhaus ein Kreuz.'

Ich kann nur sagen: Recht duster ist es hier. So dicke Mauern kenne ich nur von unserer Burg.

Durch die kleinen Rundbogenfenster fällt nur wenig Licht.

Doch als wir uns dem Altarraum mit prächtigen Bildern und Heiligenfiguren nähern, erhellen riesige Kerzenleuchter aus Silber und Gold die Dunkelheit.

Auf den Altären liegen reich bestickte Decken, Kreuze aus Elfenbein schimmern gelblich im Licht der Kerzen.

Auf dem Weg zum Altar kommen wir an der Rundkanzel vorbei. Hier verkünden die Mönche Tag für Tag Gottes Wort.
Wie gebannt starre ich auf die Kanzel und die Lesepulte links und rechts. Aber warum bin ich plötzlich ganz allein? Habe ich geträumt? Ich wollte mir doch nur vorstellen, wie es sein würde, wenn ich zum ersten Mal auf der Rundkanzel ... Jetzt aber schnell zu den anderen.
Ich finde sie im Altarraum am oberen Ende des Mittelschiffes. Eben noch bekomme ich die letzten Worte des Abtes mit: ‚... Hochaltar im Chor mit der Apsis, einem halbkreisförmigen Anbau, der den Chorabschluss bildet. Unter dem Hochaltar ruht der Sarkophag mit den Gebeinen des heiligen Gallus, der unser Kloster gegründet hat.'
Bei diesen Worten blickt er uns eindringlich und streng an. Kurz deutet er mit dem Kopf nach unten. Wir haben verstanden und sinken ehrfürchtig auf die Knie."

Beschrifte mithilfe von Ludgers Schilderung den Grundriss der Klosterkirche.

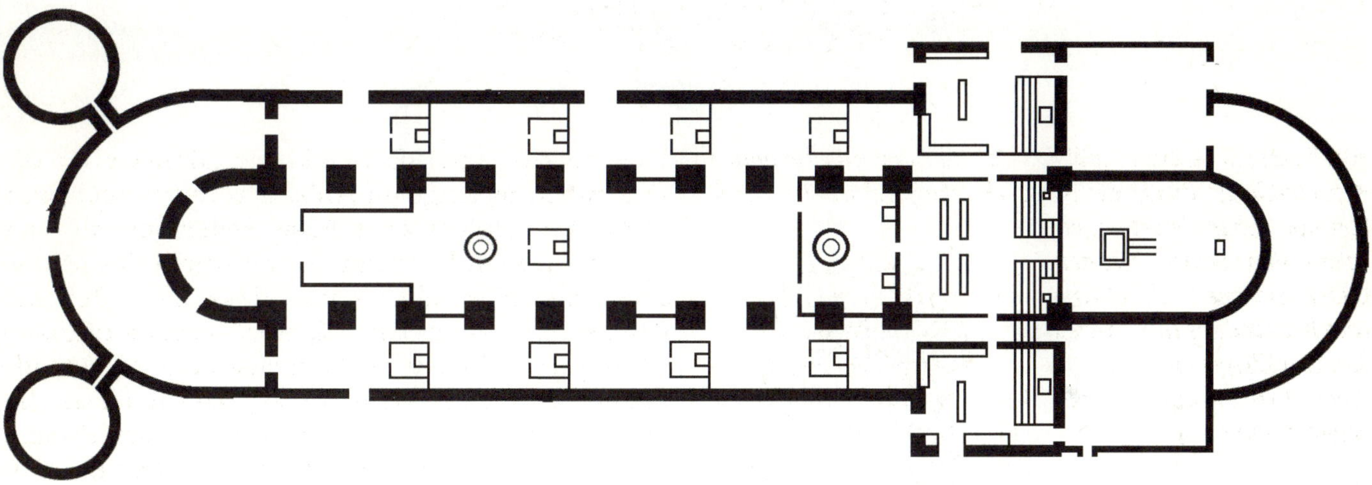

Die Klosterkirche in St. Gallen zeigt typische Merkmale einer romanischen[1] Kirche. Im Stil der Romanik erbaute Kirchen gibt es heute noch. Vielleicht ja sogar ganz in eurer Nähe.

[1] Diese Bezeichnung entstand im 19. Jahrhundert und bedeutete ursprünglich „nach der Art der Römer".

1. Besucht einmal eine romanische Kirche.
   Welche typischen Merkmale erkennt ihr wieder?
2. Sammelt Informations- und Bildmaterial über romanische Kirchen, recherchiert im Internet und schreibt an die jeweiligen Pfarreien oder Fremdenverkehrsämter.
3. Stellt die Ergebnisse eurer Recherche in Form eines kleinen Referates oder einer Wandzeitung vor.

❐ In der Klosterschule von St. Gallen

Hier siehst du Novizen, die in der Klosterschule lernen.
Ausgerüstet mit Wachstäfelchen büffeln sie vor allem Latein, die Kirchensprache. Sie schreiben Bibeltexte, Psalmen, Kirchenlieder und Gebete ab, lernen sie auswendig und tragen sie vor. Natürlich alles in lateinischer Sprache.
Später kommen dann noch Fächer wie z.B. Mathematik, Redekunst und Astronomie (Sternkunde) hinzu.

Waren die Klosterschüler immer brav und die Klosterlehrer immer besonders streng?
Lies, was Bruder Ekkehard über das Schulleben in St. Gallen schreibt.

Der ins Deutsche übersetzte Text enthält immer noch einige lateinische Wörter.
Wenn du die deutschen Begriffe richtig einsetzt, erhältst du ein Lösungswort. Es verrät dir den Spitznamen, den die Schüler von St. Gallen einem besonders strengen Lehrer gegeben haben. Notiere das Lösungswort auf der nächsten Seite.

Hier die deutschen Begriffe mit den Buchstaben für das Lösungswort:
Angst (E), Fest (F), Flucht (K), Geduld (R), Kloster (O), Lehrer (P), Ofen (R), Schüler (F), Sohn (E), Stotterer (N), Strafe (F)

Magister (________________________) Tuotilo, ein starker, riesenhafter Mann, wurde von jedem discipulus (________________________) gefürchtet. Streng war er, aber gerecht. Er war in jeder Beziehung „schlagfertig“ und ließ die Rute nur allzu oft auf dem Rücken seiner faulen Schüler tanzen. Nur so konnte er den einen oder anderen wilden und ungestümen filius (________________________) eines Grafen oder Ritters für den Unterricht „begeistern“.
Aber nicht immer führte poena (________________________) zum gewünschten Erfolg.

Einmal brannte fast das gesamte Kloster nieder, als ein Lehrer seine Schüler strafen wollte, weil diese bei einem festum (______________________________) über die Stränge geschlagen hatten. Er befahl ihnen, auf der Stelle die Hosen herunterzulassen, um sie mit der Rute zu bestrafen.

Einen Schüler schickte er auf den Speicher des Klosters, um die dort aufbewahrten Ruten zu holen.
Aus angor (______________________________) vor der Strafe riss der Schüler ein brennendes Scheit aus dem caminus (______________________________) und zündete damit den Dachboden an. Als ihm von unten zugerufen wurde, er solle sich beeilen, rief er laut schreiend zurück: „Feuer! Das ganze Haus steht in Brand. Rette sich, wer kann!"

Schneller als der Wind das Feuer anfachte, hatten sich die zur Strafe bestimmten Schüler wieder bekleidet und die fuga (______________________________) angetreten.
Vielleicht floh der Lehrer sogar als Erster. Die Strafe wurde vergessen. Die Löschung des Brandes war wichtiger. Das monasterium (______________________________), von dem nur noch die Mauern standen, musste wieder neu aufgebaut werden.

Ein Lehrer ganz anderer Art war der Mönch Notker. Er schlug nie. Mit patientia (______________________) und Liebe versuchte er seinen Schülern Wissen beizubringen. Natürlich hatte er es leichter als Tuotilo. Er hatte die Novizen der inneren Schule zu unterrichten. Von ihnen wurde er sehr verehrt.

Sich selbst gab er den Beinamen „Balbulus" (______________________________). Er war zwar ein wenig flatternd in der Sprache, aber niemals im Geist.

Er genoss im Kloster ein so hohes Ansehen, dass es ihm sogar erlaubt war, Fragen seiner Schüler während der Schweigezeit zu beantworten. Der Abt erlaubte es ihm gegen alle Regeln, weil er wohl wusste, dass er in Notker einen außergewöhnlichen Lehrer hatte. Wenn Notker nicht unterrichtete, arbeitete er im Scriptorium, dem Schreibsaal des Klosters.

(Nach der Klosterchronik St. Gallen aus dem 11. Jahrhundert)

Lösungswort: ____ (1) ____ (2) ____ (3) ____ (4) ____ (5) ____ (6) ____ (7) ____ (8) ____ (9) ____ (10) ____ (11)

Im Scriptorium

Hier siehst du Notker Balbulus an seinem Schreibpult. Er schreibt mit einem Federkiel auf Pergament, einer gegerbten Tierhaut. Rechts von ihm stehen zwei Tintenfässer. In der rechten Hand hält er gerade das Schabmesser zum Korrigieren von Fehlern. Gerne erzählt er uns von der Arbeit der Mönche im Scriptorium:

„Am liebsten sitze ich hier und denke mir neue Liedtexte zu Ehren unseres Herrn aus, während meine Brüder ganze Bücher abschreiben.

Im Schönschreiben sind sie mir weit überlegen. Mit schwarzer Tinte malen sie jeden einzelnen Buchstaben fein und sorgfältig. Es dauert manchmal Jahre, bis sie ein ganzes Buch kopiert haben. Ich konnte sogar einmal Bruder Moengal dabei beobachten, wie er vor Freude und Stolz einen Luftsprung machte, als er den letzten Punkt gesetzt hatte.
Und kurz darauf wurde das Buch aus der Klosterbücherei gestohlen. Da hättet ihr ihn toben hören sollen! Sogar die Pest hat er vor lauter Wut dem Dieb an den Hals gewünscht. Gott möge ihm diese Sünde verzeihen.

Aber ich verplaudere mich mal wieder. Ihr wollt doch sicherlich noch mehr über unsere Schreib- und Malkünste erfahren. Ich schreibe euch zunächst einmal unser Alphabet auf.

abcdefghijklmnopqrſttuvwxyz

Wir nennen unsere Schrift **karolingische minuskel** [1] zu Ehren des großen Königs Karl aus dem Geschlecht der Karolinger. Denn unter seiner Herrschaft hat sich diese Kleinbuchstabenschrift aus der Großbuchstabenschrift der Römer entwickelt."

Versuche deinen Namen in dieser Schrift zu schreiben.

Im späteren Mittelalter entwickelte sich aus der karolingischen Minuskel die gotische Schrift. Das Alphabet in gotischen Schriftzeichen findest du im Lösungsteil.

[1] Minuskel = Kleinbuchstabe

❐ Kunstvolle Initialen[1]

Hier zeigt euch Notker Balbulus eine kunstvoll gestaltete Buchseite:

„Einige unserer Brüder haben von Gott dem Herrn eine besondere Gabe geschenkt bekommen. Sie können sehr schön malen und verzieren jede Buchseite zu Ehren Gottes mit Ornamenten und Initialen in leuchtenden Farben. Purpurrot, Blau aus Lapislazuli und Gold sind unsere Lieblingsfarben.
Hier seht ihr eine ‚D-Initiale' in Vogelgestalt. Ist sie nicht wunderschön?"

DOMINI XX M
SEQ SCI EUA SEC MATH
IN ILLO TEMPORE
IXIT IHS DISCI
pulis suis.
Simile ē
regnum
celorum
homini pa
tri famili
as. qui exiit
primo mane
conducere ope
rarios in uineam suam. Con
uentione autem facta cum
operariis ex denario diurno

Male die Initialen deines Namens kunstvoll aus. Oder versuche dich selbst einmal in der Kunst der Buchmalerei. Gestalte eine Urkunde oder eine feierliche Einladung, z.B. zu einem mittelalterlichen Fest.

Tipp: Schreibe mit einer Bandzugfeder und schwarzer Tusche auf pergamentähnlichem Papier.

---

[1] Initiale = reich verzierter Anfangsbuchstabe eines Textes oder Textabschnitts (lateinisch: initium = Anfang). Die Übersetzung dieses Textes findest du in den Lösungen.

❑ Die Löwenburg: feste Mauern in schwindelnder Höhe

Ein großer Tag für den jungen Degenhart. Mit 13 Jahren verlässt er stolz das Rittergut seiner Eltern, eine von einem Wassergraben umgebene kleine Burg in der Rheinebene. Heute geht es in die „Lehre" zum Lehnsherrn seines Vaters, dem Grafen Heinrich, dem Herrn der Löwenburg. Hier soll aus Degenhart, einem abenteuerlustigen, wilden und ungestümen Knaben, ein richtiger Ritter werden.
Mit zwei Dienstmannen seines Vaters macht er sich auf den Weg.
Sie steigen den steilen Bergkegel hinauf und staunen über die mächtigen Befestigungsanlagen. Eine starke, schier unüberwindbare äußere **Ringmauer** mit **Wehrgängen** und kleinen Türmen umgibt die gesamte Burg.
Natürlich haben die Wachen die Ankömmlinge schon lange erspäht und machen sich jetzt einen Spaß mit ihnen. Als sich die drei dem **äußeren Burgtor** nähern, donnert von oben eine laute Stimme: „Was wollt ihr hier? Mit Eindringlingen machen wir kurzen Prozess!" „Herr, ich bin der neue Knappe!", ruft Degenhart hastig.
„Halt, Bürschchen! Erst mal kontrollieren. Glaub ja nicht, dass wir hier jeden reinlassen. Gefällt uns deine Nase nicht, dann kannst du sie dir hier ganz schön verbrennen."
Der Torwächter, der ihm jetzt Einlass gewährt, deutet nach oben auf einen Erker über dem Burgtor, der sich nach unten öffnen lässt. „Kannst von Glück sagen, dass wir dich nicht mit heißem Pech empfangen haben. Wer mit unserer **Pechnase** Bekanntschaft machen will, soll's versuchen. Dann heißt es: ‚Pech gehabt!'"
Degenhart zittert am ganzen Leib und bekommt kein Wort heraus. Aber schon schleppen ihn die Wächter weiter ins Innere der Burg und übergeben ihn schließlich Ritter Rudolf.
„Willkommen auf der Löwenburg! Mal sehen, ob ich aus dir einen richtigen Ritter machen kann. Folge mir, ich zeige dir unsere Burganlage. Eine Zugbrücke mit Fallgitter, wie du es von der kleinen Wasserburg deines Vaters kennst, gibt es hier oben natürlich nicht. Stattdessen hat unsere Burg drei eisenbeschlagene Tore. Aber nicht jeder Feind spaziert einfach so durch das Portal. Unser bester Schutz ist zunächst der Steilhang. Außerdem schützen uns zwei große **Zwinger** mit wilden Bären und scharfen Wachhunden. Wehe, wenn wir die freilassen und sie auf die Angreifer hetzen! Wir befinden uns jetzt auf dem Hof der **Vorburg**."
Hier gibt es viel zu sehen: die Stallungen für die Pferde, die Jagdhunde und das Vieh sowie die Unterkünfte der Knechte. Hier sind auch die Werkstätten der Schmiede, Sattler, Töpfer und Korbflechter. Alle sind sie fleißig bei der Arbeit. Dazwischen sind Pferde, Ziegen, Schafe, Hühner und Tauben zu sehen.
Über Treppen und um einige Ecken herum geht es durch die innere Ringmauer zur **Kernburg**.
Der mächtige **Bergfried** mit dem Burgverlies im Kellergewölbe überragt alle Mauern. Oben auf den Zinnen hat ein Burgwächter seinen Beobachtungsposten. Das Burgverlies dient als Gefängnis, es hat weder Tür noch Fenster. Durch eine runde Öffnung in der Decke, Angstloch genannt, werden die Übeltäter an einem Seil hinuntergelassen.
Im Falle einer Belagerung dient der Bergfried als letzter Zufluchtsort. Direkt daneben liegt die Zisterne, ein unterirdischer, kellerartig gewölbter Wasserspeicher. „Wasser ist das Wichtigste hier oben!" Dabei deutet Rudolf auf Rinnen und Röhren, die das Regenwasser von den Dächern auffangen und es in die Zisterne hinabführen. Rund um den **inneren Burghof** liegen **Burgküche, Backhaus, Vorratskammern** und die **Wohnhäuser** für das Gesinde und die Ritter des Burgherrn. Der Burgherr selbst wohnt mit seiner Familie im **Palas**, dem größten, auf der Südseite gelegenen Haus der Kernburg.
Nur zu gerne möchte sich Degenhart alles genau ansehen, aber Rudolf kommandiert: „Jetzt aber ab mit dir in den Stall zu den anderen Knappen. Einen Strohsack für dich werden wir schon finden."

So sah die Löwenburg im Mittelalter aus.
Beschrifte die Rekonstruktionszeichnung mit den auf der vorigen Seite hervorgehobenen Begriffen.

Habt ihr nicht Lust eine typische Ritterburg mit Ringmauer, Bergfried ... nachzubauen?
Oder soll es vielleicht eine Wasserburg sein? Welche Burgenbau-Gruppe hat die besten Ideen?

Ausflugstipp: Die Löwenburg im Siebengebirge in der Nähe des Drachenfels ist heute eine Ruine. Sie lässt aber mit ihren fast völlig erhaltenen Grundmauern recht gut die einzelnen Teile der Burg erkennen. Informationstafeln beschreiben deren damalige Funktion.
Das Modell der Löwenburg findet ihr im Siebengebirgsmuseum in Königswinter.

❑ In der Kemenate, dem Reich der Burgherrin

Nachdem Degenhart im Rittersaal das Stroh vom Boden zusammengefegt und neues ausgelegt hat, geht er über den Burghof zum Stall um die Pferde zu striegeln. Aus dem Backhaus duftet es köstlich nach frisch gebackenem Brot.

Plötzlich stürmt eine aufgeregte Kinderschar auf ihn zu. Alle reden und schreien wild durcheinander und zerren Degenhart mit. Da sieht der Knappe das Unglück. Benno, der kleine Sohn des Burgvogtes, das ist der Burgverwalter, liegt reglos da. Um ihn herum liegen Holzschwerter, Holzpuppen und Steckenpferde, die die Kinder vor Schreck haben fallen lassen. Am Kopf hat er eine dicke Beule und aus einem Riss am Knie tropft Blut auf das Pflaster des Burghofes. „Es war eine Mutprobe, er ist von der Burgmauer gesprungen!“, schluchzt Bennos kleine Schwester und deutet nach oben. Degenhart handelt schnell.

Vorsichtig hebt er den Verletzten auf und rennt mit dem Kind in seinen Armen, so schnell er kann, die Treppe des Palas hinauf, durch den Rittersaal, geradewegs zur Kemenate der Burgherrin. Wie oft hat die Gräfin schon Kranke geheilt und Verletzte gesund gepflegt!

Vielerlei Heilpflanzen wachsen in ihrem Kräutergarten und bestimmt kann sie auch Benno helfen. Degenhart hastet weiter und vernimmt Frauenstimmen hinter einer geschlossenen Tür. Das muss die Kemenate sein!

Außer Atem klopft er hastig an, reißt die Tür auf und wundert sich über das Gekreisch der Mägde, die zusammen mit der Burgherrin und deren Töchtern hier spinnen und sticken. „Still!“, ruft die Burgherrin. „Ein Notfall!“ Sie eilt auf Degenhart zu, nimmt den kleinen Benno und legt ihn auf das große Himmelbett.

Alle sind aufgesprungen und stehen um den kleinen Benno herum. Degenhart hört, wie die Burgherrin sagt: „Gott sei Dank, er hat die Augen aufgeschlagen.“ Mit heilenden Kräutern, Wickeln und Verbänden versorgt sie Bennos Verletzungen und flößt ihm einen Kräutertee zur Beruhigung ein, denn der Kleine zittert am ganzen Körper.

Währenddessen nutzt Degenhart die Gelegenheit, sich in der Kemenate umzuschauen. Aber warum tritt plötzlich Schweiß auf seine Stirn? Ist es die Aufregung oder die wohlige Wärme, die der Kamin abstrahlt? Einen offenen Kamin gibt es nur in der Kemenate, dem „Kaminzimmer“. Wie kalt und zugig es doch – außer in der Küche mit der großen Feuerstelle – in allen anderen Räumen der Burg ist!

Die Fensteröffnungen hat die Burgherrin mit Pergament verschließen lassen. So können die Holzläden tagsüber geöffnet werden. Staunend betrachtet Degenhart die dicken Teppiche auf dem Steinfußboden und die kostbaren Wandbehänge. Die Bänke in den Fensternischen sind mit weichen Samtkissen ausgestattet. Hier in den Erkern lässt sich das Tageslicht am besten nutzen, sei es zum Sticken oder zum Schachspiel.

„Gut gemacht, Degenhart!“, lobt die Burgherrin. „Wir kümmern uns jetzt um Benno, widme du dich wieder deinen Aufgaben.“

Degenhart verbeugt sich höflich vor den Damen. Dann verlässt er die Kemenate.

Die Aufregung ist ihm wohl auf den Magen geschlagen. Und so eilt Degenhart durch den Rittersaal direkt auf eine schmale Tür zu. Dahinter befindet sich das „heymlich Gemach“, ein Erker direkt über dem Steilhang mit ringförmigem Holzsitz und einem Loch darunter.

Hier hat die Burgherrin den Boden nicht mit Stroh, sondern mit wohlriechenden Kräutern ausstreuen lassen.

❐ Burgenrätsel

Beweise jetzt, dass du ein Burgenexperte bist.
Löst du das Kreuzworträtsel, dann verraten dir die umkreisten Felder (von links nach rechts gelesen) den Namen der hier abgebildeten Burg [Ä = AE, Ü = UE].
Diese Burg am Rhein, in Braubach, nicht weit von Koblenz, wurde niemals zerstört und zeigt sogar noch komplett eingerichtete Innenräume. Hier kann man den Rittersaal, die Burgküche, die Kemenate, eine Folterkammer und vieles mehr bestaunen.

____ ____ ____ ____ ____ ____ ____ ____ ____

Waagerecht:

1. Hier wächst alles, womit man Kranke und Verletzte versorgen kann.
2. Hier gibt es für die Feinde etwas auf den „Riechkolben".
3. Der Wohnsitz der adligen Familie im inneren Burghof
4. Unterstes Geschoss im Bergfried, in dem Verbrecher eingesperrt werden
5. Ihn gibt es in der Vorburg und in der Kernburg.
6. Durch diesen Einlass betritt man die Vorburg.
7. Das Plumpsklo der Burg (zwei Wörter)

Senkrecht:

1. Das „Reich" der Burgherrin
8. Niemand widersteht dem köstlichen Duft dieses Hauses.
9. Der letzte Zufluchtsort der Burgbewohner bei feindlicher Belagerung
10. Zutritt zu einer Wasserburg
11. Darin wohnen die Bediensteten.
12. Sie „umkreist" die gesamte Burganlage.
13. Hier speisen und versammeln sich (nicht nur) die Ritter.
14. Von diesem zinnenbewehrten Laufweg aus wird die Burg verteidigt.
15. Runde Öffnung, die zum Burgverlies führt
16. Vorhof der Burg, in dem wilde Tiere gehalten werden

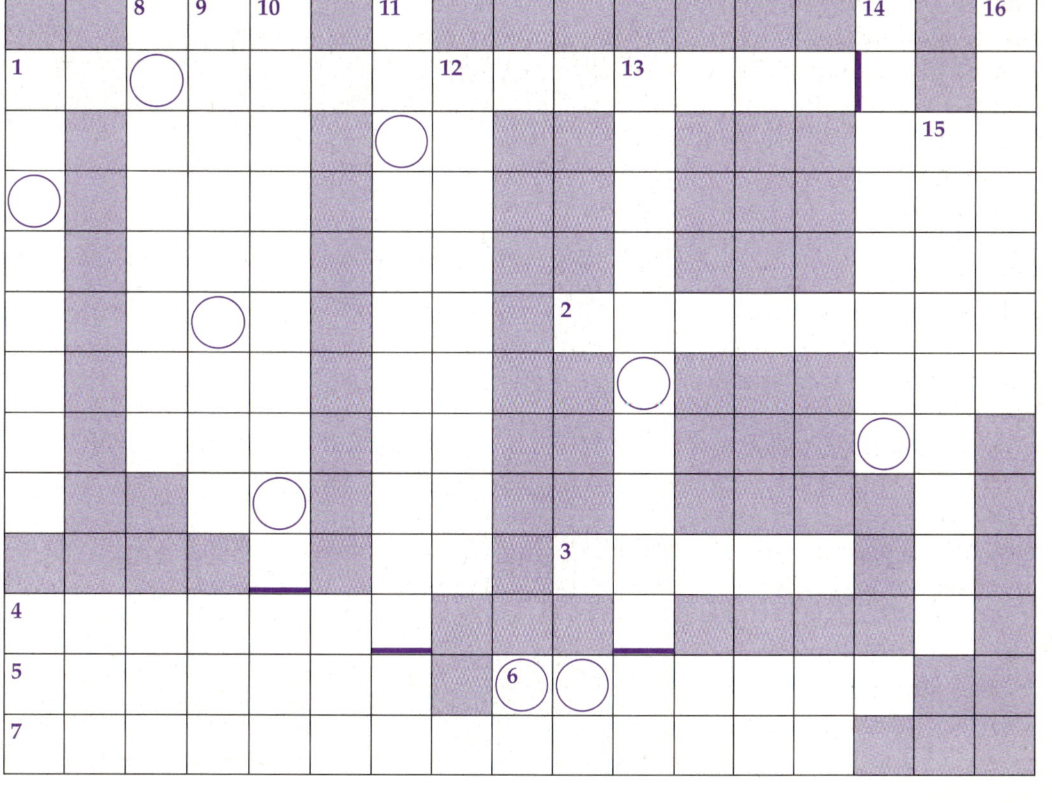

❒ Ritter ohne Fehl und Tadel

Den ganzen Vormittag hat der Knappe Degenhart Rüstungen entrostet und Schwerter blank geputzt. Er ist völlig geschafft und gönnt sich eine Pause. Jetzt kann er endlich in Ruhe den Brief lesen, den ihm seine Schwester durch einen Boten geschickt hat. Lesen und Schreiben haben beide bei der Mutter gelernt. An einem sonnigen Plätzchen streckt Degenhart sich aus. Doch bald fallen ihm die Augen zu. Das Geklapper vieler Hufe auf dem Pflaster der Vorburg bekommt er nicht mehr mit. Da wird er plötzlich hochgerissen und ein derber Tritt befördert ihn in die Mitte des Hofes. Als er die Augen öffnet, sieht er Rudolf, der jetzt an ihm herumzerrt, um seine Kleidung in Ordnung zu bringen.

Degenhart weiß nicht, wie ihm geschieht, und schon kommt Graf Heinrich II. herangesprengt. Siegreich kehrt er mit seinen Rittern von einem Feldzug zurück. Es galt die Klöster in seinem Land vor weiteren Überfällen durch Raubritter zu schützen. Der Anführer der Räuberbande konnte überwältigt werden. Er wird die Tage bis zum nächsten Gerichtstermin im Burgverlies verbringen. Dann wird Graf Heinrich das Urteil über ihn sprechen.

Rudolf hilft Heinrich vom Pferd und verbeugt sich demütig.

Degenhart steht da wie ein Häufchen Elend, ziemlich verdattert und mit offenem Mund. „Ach, der Neue?", fragt Heinrich in einem Ton, dass Degenhart direkt auf die Knie sinkt. „Eines merke dir, untätig sein und faul herumlungern, das gibt es hier nicht. Wer einmal ein Ritter werden will, verbringt jede freie Minute mit Übungen. Damit sind aber nicht deine Schreib- und Leseübungen gemeint. Willst du etwa mein Land mit dem Gänsekiel verteidigen oder Burgkaplan statt Ritter werden?

Einen zukünftigen Ritter erkenne ich an seinem Mut, seiner Gewandtheit und Geschicklichkeit. Reiten, Schwimmen, Laufen, Werfen muss er üben und seine Kräfte stets im Wettstreit mit anderen messen. Ein Ritter ist kein Weichling und scheut nicht die Gefahr. Er sucht keinen Streit, aber er geht ihm auch nicht aus dem Weg. Gleichwohl ist er höflich, zeigt Respekt, Zuverlässigkeit und Treue in all seinen Diensten. Nur so bringt man es zu einem Helden, der Ruhm und Anerkennung genießt und dessen glänzende Waffentaten sowohl im Turnier als auch im Krieg gepriesen werden. Aber wenn der junge Herr lieber zu lesen beliebt, dann setzt es Prügel und dann heißt es ‚ab ins Kloster'.

Jetzt steh auf und nimm dir fortan ein Beispiel an mir."

„Ja, Herr, ihr sollt Euch nie wieder über mich beklagen müssen!", antwortet Degenhart mit zitternder Stimme und gesenkten Augen. Er hat sich fest vorgenommen, fortan ein guter Knappe ohne Fehl und Tadel zu sein.

Degenhart hat jetzt kapiert, was für ihn „in" und was „out" ist.

Schreibe eine „In- und Outliste" für einen guten Knappen im Mittelalter und eine für dich als hoffentlich guter Schüler oder gute Schülerin deiner Klasse im 21. Jahrhundert. Vergleiche.

❐ Für alles gerüstet

Feinde sind ins Land eingedrungen.
Höchste Alarmstufe für alle Burgmannen.
Jeder versucht, so schnell es geht, das **„îsengewant“** (die Rüstung) anzulegen.
Doch das ist nicht so einfach. Auch Rudolf ist auf die Hilfe seines Knappen angewiesen um ein „Eisenmann“ zu werden.
Degenhart reicht ihm zunächst einmal sein **„wams“**. Das ist ein wattiertes und gestepptes Untergewand aus Filz, das den Ritter vor Prellungen und Schürfwunden schützt. Und außerdem möchte wohl keiner ein „îsengewant“ auf nackter Haut tragen.
Danach muss sich Rudolf zum Anlegen der **„îsenhosen“** flach auf einen Teppich legen. Nur mit großer Anstrengung schafft es Degenhart, die aus ineinander geflochtenen und vernieteten Panzerringen bestehenden „Beinlinge“ über Füße und Beine zu streifen. Dann kommt das **Kettenhemd**, das aus etwa 30.000 Eisenringen hergestellt worden ist. Darüber zieht Degenhart den Schuppenpanzer, **„harnasch“** genannt, der aus mit hartem Leder verbundenen Eisenplatten besteht.
Jetzt hilft Degenhart dem Ritter auf die Beine und bringt gleich danach einen bunten **„wâpenroc“** aus Seide herbei. Als Erkennungsmerkmal ist darauf das Wappen der Löwenburg, ein aufrecht schreitender Löwe, eingewebt.
Auch die **Sporen**, die **Panzerhandschuhe**, den **Schild** und den **Schwertgürtel** schleppt Degenhart herbei. Natürlich weiß Degenhart, dass ein Ritter sein **Schwert** stets an der linken Seite trägt, damit er es mit der Rechten ziehen kann.
„Auf in den Kampf! Wir werden die Feinde schon das Fürchten lehren“, ruft Rudolf, während er von Degenhart in den Sattel gehievt wird.
Degenhart reicht ihm noch schnell den **Helm**, drückt ihm seine **Lanzenfahne** in die Rechte und schon galoppieren die Ritter den Burgberg hinunter.
Degenhart beißt sich auf die Lippen. Wie beneidet er doch die älteren Knappen, die ihren Rittern stolz folgen.

Beschrifte die Teile der ritterlichen Ausrüstung, die du unten auf dem Bild erkennen kannst.

❐ Ausschneidebogen: Ritterrüstung

Kopiere diese und die folgende Seite auf DIN A3-Größe und klebe sie auf Pappe. Schneide dann alle Teile aus und statte den fast noch unbekleideten Ritter anschließend mit allem aus, was zu seiner Ritterrüstung gehört.

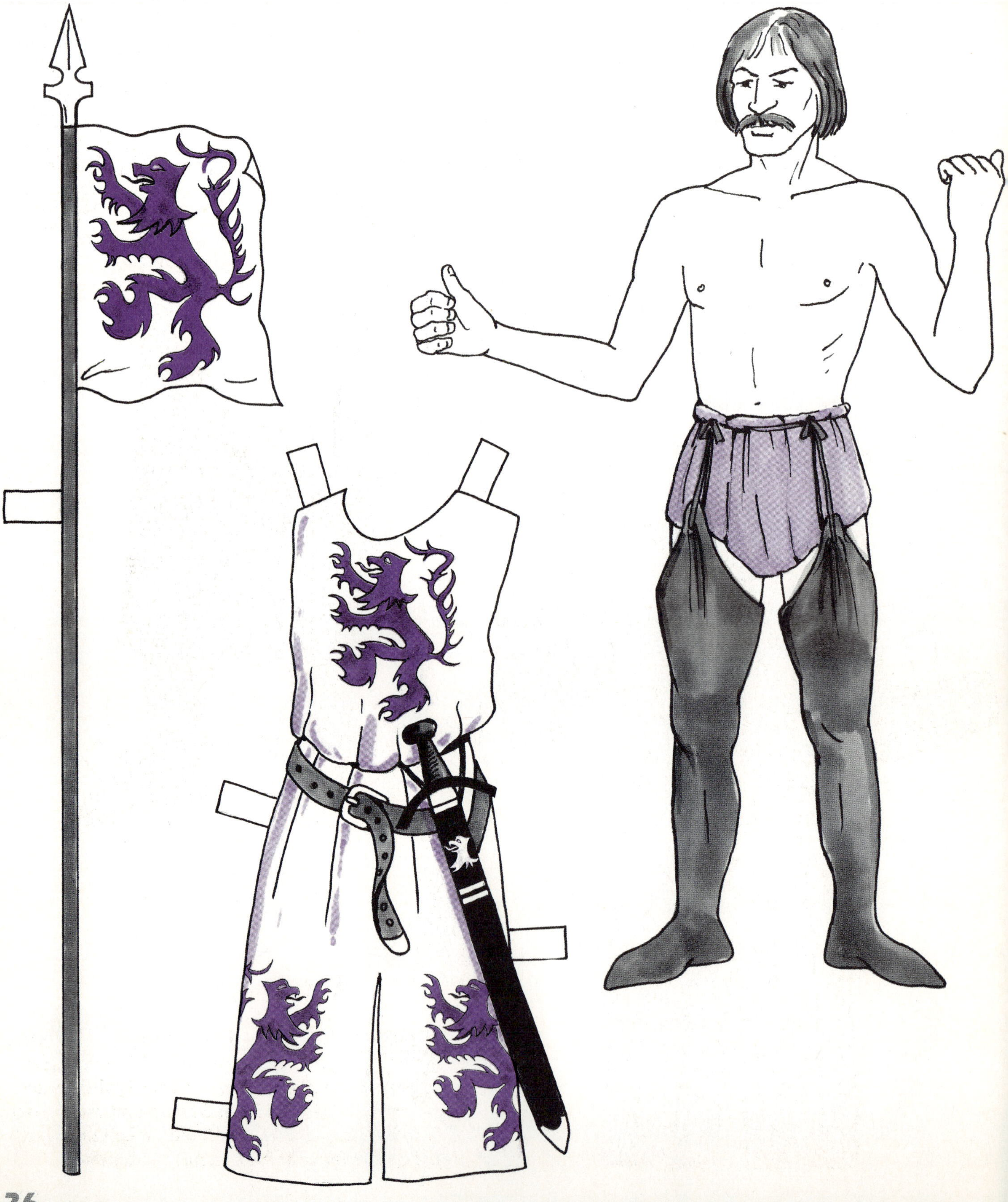

Übrigens: Eine Rüstung, die den ganzen Körper mit Eisenplatten bedeckte, gab es erst im 15. Jahrhundert. Sie wog 25 bis 30 Kilo und musste der Durchschlagskraft einer zu dieser Zeit gebräuchlichen Armbrust standhalten.

Gegen alles gewappnet

Setzte nun der Ritter zur Rüstung auch noch seinen Helm auf, war er gar nicht mehr zu erkennen, denn der Topfhelm bedeckte bis auf einen Sehschlitz das ganze Gesicht. Aber wie sollte man jetzt noch zwischen Freund und Feind unterscheiden?
Ein Erkennungszeichen musste her. Und so wurde das Wappen zum ganz persönlichen, unveränderlichen Markenzeichen des Ritters. Stolz trug er sein Wappen auf dem Schild, auf dem Wappenrock, auf der Pferdedecke und auf seinem Banner. Ja, bei Turnieren trug er sogar häufig die plastische Darstellung seines Wappens als „Helmzier" auf dem Helm.
Natürlich mussten alle Wappen unterschiedlich sein und jeder wollte das prachtvollste Wappen haben. Kein Wunder, dass die Ritter bei der Gestaltung ihrer Wappen viel Fantasie entwickelten.
Sie waren so stolz auf ihre Wappen, dass sie sie an ihre Kinder weitervererbten.
So hatte bald jede adlige Familie ihr Familienwappen, das von der Burgherrin in Tischtücher, Vorhänge, Bettwäsche und andere Textilien eingestickt wurde.
Ein solches Familienwappen, auch Vollwappen genannt, bestand immer aus **Schild, Helm, Helmdecke** und **Helmzier** oben auf dem Helm.
In Wappenrollen oder Wappenbücher wurden alle Wappen eingetragen. So war das Wappen einer Familie geschützt und konnte nicht einfach von einer anderen Familie „abgekupfert" und als das ihre ausgegeben werden.
Es gab richtige Wappenexperten, die Herolde. Sie überprüften, z.B. bei Ritterturnieren, die Echtheit der Wappen und ob alle Wappen genau festgelegten Regeln (in Bezug auf die Farbgebung und Motivgestaltung) entsprachen. Nach ihnen nennt man die Wappenkunde heute noch „Heraldik".

Wappen gibt es auch heute noch.
Gehe in deinem Wohnort auf Wappensuche. Versuche es zunächst im Rathaus und in der Bücherei. Hier erhältst du bestimmt Informationen, die deine Recherche erleichtern.

Tipp: Schau auch einmal im Internet nach.

Wähle ein Wappen aus und zeichne es ab.
Vielleicht gelingt es dir ja, etwas über die Bedeutung dieses Wappens herauszufinden.

❒ Entwurf und Gestaltung eines Wappens

Kleine Wappenkunde: Farben und Motive

Wappen sollten von weitem gut erkennbar sein und jedem direkt ins Auge fallen. Daher verwendete man nur reine, leuchtende Farben. Als Wappenfarben galten die Farben Rot, Blau, Grün, Schwarz, Gold (Gelb) und Silber (Weiß). Die letzten beiden wurden „Metalle" genannt. Es galt folgende Farbregel zu beachten: Setze grundsätzlich nicht Farbe an Farbe. Farben sollen durch die Metalle Gold oder Silber voneinander getrennt werden. Bei schwarz-weißen Abbildungen wurden die jeweiligen Farben und Metalle durch entsprechende Schraffuren gekennzeichnet. Einige davon wurden auch in dem unten abgebildeten Familienwappen verwendet.

Farben:

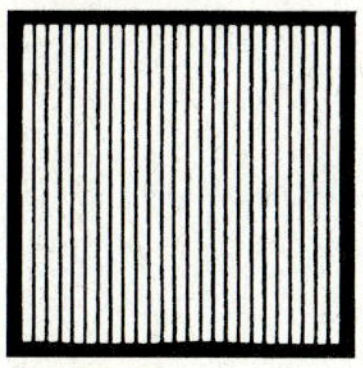

Rot

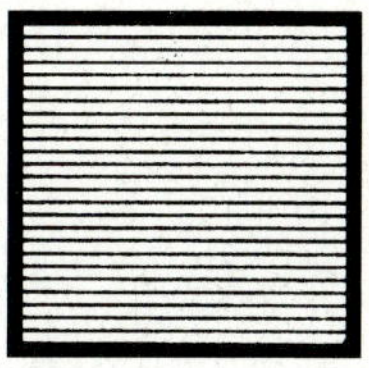

Blau

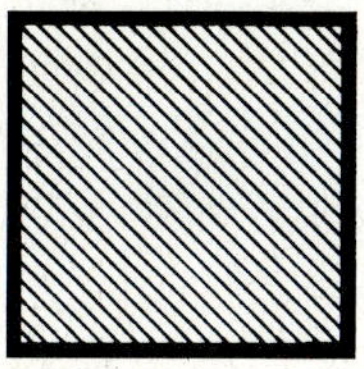

Grün

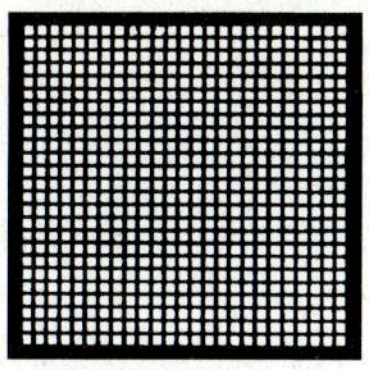

Schwarz

Metalle:

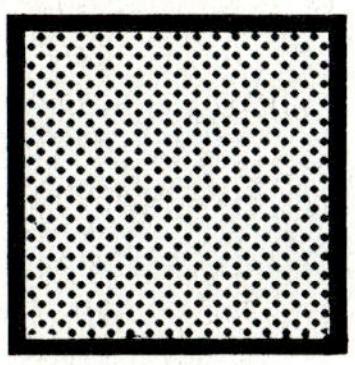

Gold

Silber

Natürlich soll das Wappenbild auch etwas über seinen Träger aussagen. Im Mittelalter bedeuteten z.B. Greifvögel, Löwen oder Wildschweine: Vorsicht! Mit dem ist nicht zu spaßen. Dieser Ritter ist kampflustig, mächtig und stark. Ein Schwan dagegen verwies auf die Schönheit des Ritters. Eine stilisierte Rose stand für Glück in der Liebe.
Daneben gab es auch „redende Wappen": Hier wurde der (Familien-)Name bildhaft umgesetzt. So wurde z.B. der Name „Greifenstein" durch einen Greifvogel auf einem Fels „ins Bild" gesetzt.
Aber auch die besonderen Vorlieben, die „Hobbys" des Wappenträgers, wurden bildhaft dargestellt.
Manche Ritter bevorzugten dagegen einfache geometrische Muster und schmückten ihre Schilde mit Quadraten, Rauten, Dreiecken oder breiten Streifen.
Auch um Wiederholungen zu vermeiden, wurden die Wappen im Laufe der Zeit immer fantasievoller.

Gestalte nun dein eigenes Wappen nach den Regeln der Wappenkunst.

❐ Auf in den Kampf

Wieder sind Feinde ins Löwenburger Land eingedrungen.
Vieh haben sie geraubt, Weinberge verwüstet, den Bauern Abgaben abverlangt, die dem Grafen Heinrich, dem Herrn der Löwenburg, zustehen.
Wie die Eroberer spielen sie sich auf. Bald ist klar, wer den Überfall befohlen hat: Burggraf Gottfried vom Drachenfels. Aber dahinter steckt noch ein anderer: der mächtige Erzbischof und Kurfürst von Köln.
Burggraf Gottfried hat ja nicht, wie der mächtige Graf Heinrich, nur den Kaiser über sich, sondern ist der Lehnsmann des Erzbischofs, dem er Treue schwören musste. Der Erzbischof hat aber schon lange ein Auge auf das Löwenburger Land geworfen und sucht jede Gelegenheit, dort an Einfluss zu gewinnen.
Graf Heinrich tobt vor Wut, als ihm seine Ritter Bericht erstatten.
Das kann er sich nicht bieten lassen. Schließlich gehören ihm die Dörfer, die Bauern samt ihrem Vieh und das Land, auch wenn es im Grenzgebiet liegt.
Und er denkt gar nicht daran, sich Ländereien oder Rechte von diesem Burggrafen vom Drachenfels oder vom Erzbischof abspenstig machen zu lassen.
Sogleich lässt er nach dem Burgkaplan schicken und diktiert ihm die folgenden Zeilen:
„Ich, Heinrich der II. von der Löwenburg, tue kund und zu wissen, dass ich nicht gewillt bin, das Raubrittertum der Drachenfelser länger zu dulden. Um mein gutes Recht und Ansehen zu wahren, sage ich hiermit den Banditen und Schurken des Drachenfelsens die Fehde an. Fortan gibt es kein Wort der Freundschaft zwischen uns, sondern ich und meine Getreuen werden das von euch geraubte Gut zurückholen und all eure Schandtaten rächen.
Gegeben am zwölften Tage, folgend auf das Fest des heiligen Benediktus, im Jahre 1227 nach der Geburt unseres Herrn."
Heinrich unterschreibt, siegelt das Dokument und bestimmt: Degenhart hat den Fehdebrief zu überbringen.
Dieser reitet klopfenden Herzens zur feindlichen Burg und begehrt Einlass. Doch das Tor öffnet sich nicht. Stattdessen wird er von den Wachen auf den Mauern verhöhnt und verspottet. Scheinbar gelassen nimmt Degenhart die Demütigungen hin. Doch dann handelt er so, wie Graf Heinrich es ihm

geraten hat. Er springt vom Pferd, zieht seinen Dolch, rennt zum Burgtor und rammt den Fehdebrief tief ins Holz. Anschließend schwingt er sich wieder in den Sattel. Aber bevor er davonstürmt, wirft er noch seinen Handschuh vors Tor, das Zeichen der Fehde.

Und genau drei Tage später lässt Graf Heinrich den Worten Taten folgen. Er hat die Zeit genutzt, um ein Bündnis mit dem Grafen Wilhelm von Jülich zu schließen, einem Erzfeind des Bischofs von Köln. Gemeinsam mit den Jülicher Rittern dringen nun die „Löwen“ in das Drachenfelser Ländchen ein. Sie rauben Hausgeräte, Vorräte und Vieh. Anschließend brennen sie die Bauernhöfe nieder. Natürlich nehmen die Drachenfelser diesen Rachefeldzug nicht kampflos hin. Es kommt zu blutigen Gefechten, bei denen sie allerdings den Kürzeren ziehen. Siegreich kehrt Graf Heinrich mit seinen Mannen auf die Löwenburg zurück. Drei Ritter vom Drachenfels führen sie als Gefangene mit sich. Heinrich lässt sie ins „Angstloch“ seiner Burg stecken und fordert in einem weiteren Schreiben ein hohes Lösegeld. Außerdem droht er mit der Belagerung des Drachenfels.

Dem Herrn vom Drachenfels bleibt nichts anderes übrig, als nachzugeben. Diesmal hat er wohl den Bogen überspannt.

Schreibe über diese Fehde einen Bericht für die Chronik der Löwenburg.

Drachenfels (Kupferstich von Matthäus Merian von 1646)

❐ Die Ausbildung zum Ritter

Die Pagenzeit ist die erste Ausbildungsstufe zum Ritter. Sie beginnt im Alter von sieben Jahren und dauert fünf bis sieben Jahre: Grundausbildung im höflichen Benehmen (wie es am Hofe eines Edelmannes üblich war), in allen wichtigen Sportarten, besonders im Reiten.

Die Knappenzeit ist die zweite Ausbildungsstufe nach der Pagenzeit bis zum 21. Lebensjahr. Sie endet mit der Schwertleite (dem Ritterschlag).

Was für ein Tag!
Müde und erschöpft schleppen sich die Knappen Adalbert, Degenhart und Sigmund zu ihren Strohsäcken. Doch an diesem Abend finden sie noch lange keinen Schlaf.
Obwohl sie körperlich fix und fertig sind und alle Viere von sich strecken, haben die Drei nur eines im Sinn: sich gegenseitig ihre „Heldentaten" des Tages zu berichten.

„Bogenschießen war heute das Beste. Acht von zehn Schüssen ins Schwarze!"
„Ja, schießen kannst du, aber das Zureiten der Pferde ist ja offenbar nicht deine Stärke."
„Es hat sich wohl herumgesprochen, dass ich darauf gut hätte verzichten können. Ich hatte aber auch den störrischsten Hengst zu bändigen, der mir je untergekommen ist! Aufgebäumt hat er sich und mit den Hinterbeinen ausgeschlagen. Und dann sollte ich ihn auch noch an Kampfeslärm gewöhnen. Mein ganzer Körper ist voller blauer Flecken."

„Ich kann mir vorstellen, dass die Ritter gejohlt haben. Du bist ja oft genug im Matsch gelandet."
„Ja leider, aber ihr wisst doch, dass sie sich nur allzu gerne über uns lustig machen. Aber Degenhart soll doch mal erzählen, warum er einen Verband an der linken Hand trägt."
„Ach, heute ist wohl mein Pechtag. Ich bin auch vom Pferd gefallen. Ich sehe ja jetzt noch Sterne und kann mich kaum bewegen. Ich habe mit meiner Lanze die Stechpuppe nicht richtig getroffen und zu langsam war ich auch. Da wirbelt das Ding herum, der schwere Sack trifft mich ins Kreuz und ich kippe aus dem Sattel."

„Degenhart, wir wollen viel lieber die Geschichte mit deiner Hand hören. Komm, erzähl schon!"
„Ich war heute zum Bedienen bei Tisch eingeteilt. Da stolpere ich über die Strohmatten, rette aber die Schüssel mit der heißen Soße und verbrühe mir dabei die Hand."
„Und dann so ein Verband, lieber Degenhart?"
„Ja, es kam noch schlimmer. Vor den Augen des Burgherrn musste ich das Fleisch klein schneiden. Ich habe aber vor Aufregung statt in den Braten in meinen Finger geschnitten. Graf Heinrich hat mich angebrüllt und mir eine runtergehauen. Ich bin halt eher ein Raubein und hab's nicht so mit höfischen Tischsitten."
„Wenn man euch so reden hört, dann war mein Tag ja richtig prima! Ich habe im Zweikampf gesiegt. An der Stechpuppe hatte ich mehr Glück als Degenhart. Ich hatte aber die Lanze nicht fest genug in die Seite gepresst und spüre jetzt noch beim Atmen meine Rippen. Dann musste ich mit einem Übungsschwert, das doppelt so schwer war, Äste von Baumstämmen schlagen. Das wäre alles kein Problem gewesen, wenn ich es nicht mit meiner linken Hand hätte tun müssen. ‚Wenn wir im Kampf die rechte Hand verlieren, müssen wir in der Lage sein, mit der linken weiterzukämpfen', hat mir Rudolf erklärt. Wenn das so weitergeht, stirbt meine linke Hand eher ab, als mir die rechte abgeschlagen wird."
„Und wie war denn die Tanzstunde beim Burgfräulein?"
„Hört ja auf, das war das Allerschlimmste heute! Ich hab mir eine Ohrfeige eingehandelt, weil ich ihr beim Ringelreihen auf die Zehen getreten habe. Aber wenigstens hatte der Tag ein gutes Ende, als ich die Burgherrin beim Schach besiegt habe."

Jetzt sind die drei „Helden" aber endgültig schachmatt und ihnen fallen die Augen nach einem solchen Tag sofort zu.

Was stand auf dem „Stundenplan" eines Knappen? Liste alles auf.

❐ Das Idealbild eines Ritters

„Sei hochgemut im Unglück, beständig gegen deine Verwandten, freigebig gegen alle, tadellos im höfischen Geiste und ehrenfest in männlichen Tugenden. Höre täglich die Messe, setze dein Leben ein für den christlichen Glauben, erlöse die Kirche von ihren Drängern, beschütze Witwen und Waisen, nimm an keinem ungerechten Streite teil, leiste keine unbilligen Dienste, fechte für jeden Unschuldigen den Zweikampf aus, wenn es Not tut. Gehorche dem römischen Kaiser, achte das Reich, erwirb kein unrechtes Gut und lebe überhaupt vor Gott und Menschen unsträflich.“

An diese Regeln sollte sich jeder Ritter halten. Viele edle Ritter entsprachen diesem Idealbild. Natürlich gab es aber auch „schwarze Schafe“, die z.B. als Raubritter ihr Unwesen trieben.

Suche im Buchstabenrechteck unten zehn Eigenschaften (Adjektive) heraus, durch die sich ein edler Ritter auszeichnete. Die Buchstaben, die übrig bleiben, ergeben – von oben links nach unten rechts gelesen – ein Lösungswort. Es ist ein Ausdruck, der für die Einhaltung ritterlicher Gesetze steht.

__ __ __ __ __ __ __ __ __ __

E	H	I	L	F	S	B	E	R	E	I	T
H	R	E	H	R	E	N	H	A	F	T	A
M	B	E	S	O	N	N	E	N	E	R	P
U	N	D	E	M	U	E	T	I	G	E	F
T	K	H	O	E	F	L	I	C	H	U	E
I	O		D		E	F	R	O	M	M	R
G	R	O	S	S	Z	U	E	G	I	G	X

1 Noch heute spricht man von „ritterlichem“ Verhalten. Was versteht man darunter?
2 Habt ihr auch Idole oder Vorbilder?
Welche Eigenschaften sollte jemand besitzen, der eurem Ideal entspricht?
3 Versteckt eure Vorstellungen davon doch auch einmal in einem Buchstabenrechteck und tauscht es mit euren Freundinnen oder Freunden aus.

❑ Die Schwertleite

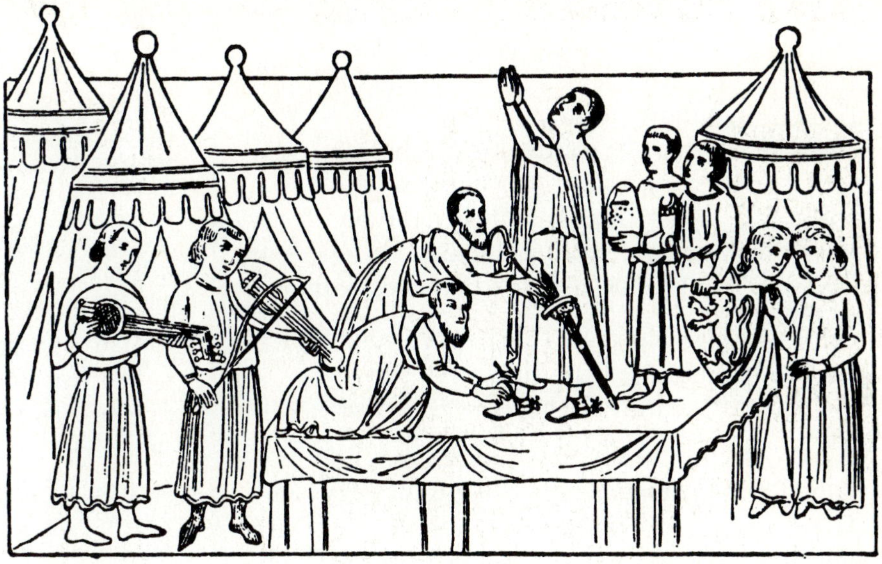

Pfingstsamstag auf der Wartburg (bei Eisenach in Thüringen):
Der Burgherr, Landgraf Hermann von Thüringen, wird morgen 25 jungen Knappen „das Schwert leiten“, d.h. sie feierlich in den Ritterstand erheben.
Einer von ihnen ist der erstgeborene Sohn des Herren von der Löwenburg, Heinrich III. Seit er sieben Jahre alt ist, lebt er hier auf der Wartburg. Die Wartburger und die Löwenburger sind nämlich miteinander verschwägert.
Am frühen Abend ist die Grafenfamilie vom Rhein mit einem gewaltigen Tross von Rittern und Bediensteten auf der Wartburg eingetroffen. Gibt es Wichtigeres als die Schwertleite des Erstgeborenen? Seit Jahren haben die Eltern ihren Sohn nicht mehr gesehen. Wird er zu einem schönen jungen Mann herangewachsen sein? Doch sie müssen sich bis morgen gedulden. Zusammen mit den anderen Knappen verbringt Heinrich die Nacht betend in der Burgkapelle. Zuvor haben sie gebeichtet und sich im Bad symbolisch von allen Sünden gereinigt.
Endlich ist Pfingstsonntag!
Im Morgengrauen findet die feierliche Einkleidung statt. Knappen legen Heinrich ein rotes Gewand an. Dies soll ihm als Mahnung dienen, sein Blut für die Verteidigung des Christentums hinzugeben.
Schwarze Strümpfe sind ein Sinnbild für den Tod, den ständigen Begleiter eines Ritters. Ein weißer Gürtel gilt als Zeichen seiner ritterlichen Reinheit. So gekleidet sehen ihn seine Eltern zum ersten Mal nach langer Zeit morgens in der Burgkapelle wieder. Heinrich nimmt seine Eltern nicht wahr. Er kniet mit den anderen am Altar nieder und der Bischof segnet die zukünftigen Ritter und ihre Schwerter.
Danach geht es hinaus auf den Festplatz am Fuße des Burgberges. Vor den Augen der versammelten Festgemeinde überbringen Ritter und Edelfrauen den jungen Rittern ihre Helme, Schilde und Lanzenfahnen. Der Landgraf von Thüringen legt ihnen höchstpersönlich die goldenen Sporen an und umgürtet sie mit dem Ritterschwert. Stürmisch werden die jungen Ritter gefeiert.

Doch jetzt passiert etwas noch nie Dagewesenes! Schweigen gebietend, befiehlt Graf Hermann den jungen Rittern niederzuknien. Dann zieht er sein Schwert und schwenkt es hoch in die Luft. Ein Raunen geht durch die große Schar der Gäste. Dreimal schlägt der Landgraf jedem Einzelnen von ihnen mit der flachen Klinge auf die rechte Schulter und spricht: „Zuo Gottes und Marien Er, diesen slac unde keinen mer! Wis, küene, biderbe (bieder, ehrlich) und gerecht, bezzer riter, denne Knecht!“
So etwas hat es noch nie gegeben! Auf einer seiner Reisen nach Frankreich hat der Graf diesen schönen Brauch des Ritterschlages kennen gelernt. Und die Festgemeinde findet es großartig.
Nun ermahnt Hermann die Neuen, sich an den Ehrenkodex eines Ritters zu halten. Alle sinken auf die Knie und schwören bei Gott, ihre Ritterpflichten zu erfüllen: „Ich gelobe …“. Danach nicht endendes „Handgeklapper“ und Jubel von allen Seiten. Die Musikanten spielen auf und Heinrichs Vater hat es nicht leicht, in diesem Trubel zu seinem Sohn zu eilen, ihn zu umarmen und ihm einen feurigen Rappen als Geschenk zu überreichen.

Der mitgereiste Knappe Degenhart ist begeistert. Genau so stellt er sich seine eigene Schwertleite auf der Löwenburg vor. Noch am selben Tag schreibt er einen Brief an seine Eltern.
Was hättest du an Degenharts Stelle geschrieben?

Spielt die hier beschriebene Schwertleite nach und schlagt jemanden aus eurer Runde zum Ritter. Vorher muss er natürlich einige ritterliche Prüfungen bestehen.

❐ Ein Festschmaus zu Ehren der jungen Ritter

Auch Degenhart nahm im Gefolge des Herrn von der Löwenburg am Festschmaus zu Ehren der jungen Ritter teil. Er berichtet ausführlich davon. Die Stimmung war wohl recht ausgelassen, denn in seiner Schilderung fehlt so manches Nomen.

Setze die unten aufgelisteten Begriffe an den richtigen Stellen in den Text ein.
Achtung! Fünf Begriffe bleiben dabei übrig.

Bande, Becher, Brote, Burgherr, Dame, Edelfräulein, Fackeln, Gewürze, Großzügigkeit, Gunst, Handgeklapper, Hofnarren, Kerzenleuchter, Leinentuch, Messer, Mundschenken, Party, Platz, Polizisten, Rang, Reichtum, Ruhm, Saalwachen, Schwert, Semmeln, Sitzordnung, Sparsamkeit, Spektakel, Tafel, Tanz, Tischdame, Truchsess

„Prächtig, prunk- und prachtvoll! So stelle ich es mir vor, wenn auch ich zum Ritter geschlagen werde. Es muss ein ebenso buntes ____________________ wie dieses sein!

Und schon schmettern die Fanfaren, um die Löwenburger anzukündigen. Der Truchsess, der mit der Aufsicht über die Tafel betraut ist, eilt herbei um jedem den ihm gebührenden ____________________ zuzuweisen.

Der ____________________ sitzt mit seiner Gemahlin, dem Bischof und anderen hoch gestellten Gästen bereits an der ‚hohen Tafel'.

Für die Löwenburger stehen Tische und Stühle in unmittelbarer Nähe bereit.

An der Seite des jungen Heinrich wird ein Platz freigehalten. Ihm und den jungen Rittern wird gleich noch ein ____________________ als ____________________ zugewiesen. Nachdem alle Gäste ihren Platz eingenommen haben, kommt es hinten, wo man dicht gedrängt auf langen Bänken sitzt, zu einem kleinen Tumult. Mehrere Gäste beschweren sich lautstark, weil sie mit der ____________________ unzufrieden sind. Sie fühlen sich ‚zurückgesetzt'. Ein Handzeichen des Gastgebers beendet den Protest. Die

__________ sind nicht zimperlich und setzen die Störenfriede sofort an die Luft. Pagen bringen nun __________ an jeden Tisch. Sie binden den Gästen ein __________ um und verteilen kleine Schüsselchen mit Wasser, in die man die Hände taucht. Es ziemt sich nicht, mit schmutzigen Fingern zu tafeln.

Danach kreisen an den Tischen schwere, silberne __________ von Mund zu Mund, die von den __________ immer wieder mit Wein gefüllt werden. Man kommt mit den Tischnachbarn ins Gespräch und schnell verbreitet sich unter den Gästen eine ausgelassene Stimmung.

Fanfarenklänge lenken die Aufmerksamkeit auf den __________, der das Festessen ankündigt: ‚Habt Acht, edle Gäste, und vernehmet die Köstlichkeiten, die der Gastgeber in seiner Großzügigkeit für euch auftragen lässt. Wählet zwischen feiner Sülze und garniertem Schweinskopf und lasst euch nicht das zarte Fleisch von jungen Schwänen, Fasanen und Reihern entgehen. Bescheidet euch nicht, heut' soll es an nichts fehlen.'

Dann schleppen die Pagen alles herbei: Fleischplatten, Schüsseln mit Soßen und __________ aus fernen Ländern werden gereicht.

Mit den Fingern greifen die Herren nach dem Fleisch, das der Speisemeister am Tisch zerteilt. Jeder schneidet es dann mit dem eigenen __________ in mundgerechte Stücke und steckt der __________ die besten Happen in den Mund.

Die kleinen, hellen __________ sind fast begehrter als das Fleisch. Ja, wann bekommt man schon einmal Backwaren aus weißem Mehl? Das zeugt vom großen __________ und vom hohen __________ des Gastgebers. Zu viert teilt man sich eine Soßenschüssel, in die jeder sein Brot eintunkt. Die großen, runden Graubrotscheiben, die jeder vor sich liegen hat, dienen nur als Teller.

Während des Essens werden die Gäste von __________ und Possenreißern unterhalten. Alle erfreuen sich an den derben Späßen. Und man erfährt die Untaten so manchen Ritters, die ihm nicht zum __________ gereichen.

Als aber die __________ des Gastgebers in den höchsten Tönen gelobt wird, bricht großer Jubel aus und das freudige __________ will kein Ende nehmen. Schließlich gibt der Burgherr das Zeichen zur Aufhebung der __________. Pagen heben die Tischplatten mit allen Speiseresten einfach vom Untergestell ab und tragen alles hinaus. Sie verteilen die __________ und einige Speisereste an die Armen und Aussätzigen, die schon vor dem Burgtor warten.

Jetzt ist endlich Platz für __________ und fröhliche Spiele.

Die jungen Ritter nutzen die Gelegenheit, mit ihren Tischfräulein ‚zarte __________ zu knüpfen'.

Heinrich der Jüngere hat nur noch Augen für Mechthild, die schöne Tochter des Landgrafen.

Wird sie ihm ein Zeichen ihrer __________ zustecken?"

❒ Aus dem Benimmbuch für Ritter

Ausschnitt aus dem Wandteppich von Bayeux

Wie hatte sich ein wohlerzogener Ritter bei Tisch zu benehmen?
„Tanhusers Hofzucht", ein Benimmbüchlein aus dem Jahre 1250, verrät es uns.
„Wenn ihr euch zum Essen setzt, so sollt ihr sprechen: ‚Segne es uns Jesus Christus!'
Gedenket Gott zu allen Zeiten und vergesst beim Essen nicht die Armen und Waisen. Kein edler Mann soll aus dem Schöpflöffel trinken noch aus Schüsseln. Auch soll sich niemand während des Essens über die Schüsseln legen und dabei schnaufen und schmatzen. Gar mancher beißt von seinem Brotstück ab und taucht es dann wieder nach bäurischer Sitte in die Schüssel, ja mancher legt den Knochen, den er benagt hat, wieder in die Schüssel.
Wer gern Senf und Salz isst, der soll nicht mit den Fingern hineingreifen. Auch soll man nicht das Brot, wenn man davon abschneiden will, an den Leib legen, wie wohl ein schwaches Weib zu tun pflegt. Niemand esse, wenn er den Mund noch voll hat.
Niemand sehe über den Becher, wenn er trinkt. Wird einem ein Trinkbecher gereicht, wische man den Mund ab, damit nicht Fett an den Trank komme. Auch blase man nicht in den Trank. Niemand lege beim Schneiden den Finger aufs Messer, wie der Kürschner zu tun pflegt. Man lege sich nicht beim Essen über den Tisch und jucke oder scheuere sich nicht mit bloßer Hand, sondern nehme hierzu das Gewand. Man schneuze nicht in die bloße Hand oder ins Tischtuch.
Man stochere nicht mit den Messern in den Zähnen herum und schiebe nicht die Speise mit den Fingern auf den Löffel. Auch lockere niemand bei Tisch den Gürtel. Man rede nicht mit vollem Munde, esse nicht so gierig, dass man sich in die Finger beißt.
Vor dem Essen aber wasche jeder seine Hände.
Wer in der Jugend wird ein Schlauch, als Vielfraß an das Alter kommt, dem wird davon ein dicker Bauch."

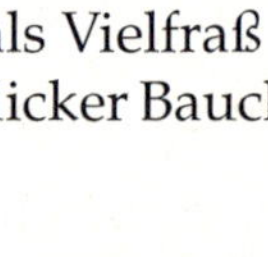

Tischsitten früher und heute.
Schreibe selbst ein Benimmbüchlein und stelle darin die mittelalterlichen Tischsitten den heutigen gegenüber.

❑ Der Reigen – ein mittelalterlicher Tanz

Und wie tanzte man im Mittelalter? Knud Seckel, ein fahrender Sänger der Neuzeit, verrät es euch:
„Man tanzte den ‚reien'. Der Reigen, wie wir heute sagen, war beliebt bei Alt und Jung, bei Arm und Reich. Ausgelassen tanzten Bauern und Bäuerinnen an Festtagen um die Dorflinde herum und sangen lustige Lieder dazu.
Auf den Burgen spielten fahrende Sänger auf ihren Geigen zum Tanz auf. Dazu sangen sie selbst gedichtete Liedtexte.
Ein ‚Star' unter den Spielleuten war Neidhart aus dem Reuental. Hier ist der Text eines seiner Tanzlieder (in unser heutiges Deutsch übersetzt):

‚Na denn: Jetzt räumt die Schemel und die Stühle /
mitsamt den Tischen / alle raus! /
Heut soll'n wir tanzen, bis wir müde sind. /
Macht die Türen auf, dann bleibt es frisch, /
dann kann die Luft / angenehm / den Mädchen durch die Übermieder streichen. /
Enden die Reigenführer dann ihr Lied, /
seid ihr alle eingeladen, / erneut ein Tänzchen /
wie bei Hof zum Fidelklang zu treten.'

(Neidhart aus dem Reuental, 13. Jh.)

Die Abbildungen zeigen euch, wie der ‚reien' getanzt wurde.
Er ist ganz einfach zu erlernen und ihr könnt viel Spaß dabei haben, ihn gemeinsam einzuüben und anschließend zu präsentieren.
Bildet eine Kette und haltet euch dabei an den Händen. Bei Hofe wurde im Mittelalter darauf geachtet, dass immer abwechselnd ein Mann und eine Frau in der Reihe standen.

1. Wechselschritt mit links beginnend (l-r-l), auf dem linken Fuß einen Hüpfer;
2. Wechselschritt mit rechts beginnend (r-l-r), auf dem rechten Fuß einen Hüpfer.

Die Arme lasst ihr im Rhythmus mittelalterlicher Musik mitschwingen. Die Kette bewegt sich im Uhrzeigersinn und wird von einem Vortänzer angeführt.
Ihr könnt im Kreis tanzen. Beliebt war im Mittelalter aber auch das wilde Verschlingen der langen Reihe.
Euer ‚Minnesänger' Knud."

(Hinweise zur Musik findet ihr im Lösungsteil.)

❑ In gespannter Erwartung

Heute soll zu Ehren der jungen Ritter ein großes, festliches Turnier stattfinden. Hier können sie ihren Mut und ihre Tapferkeit zum ersten Mal unter Beweis stellen.

Wahrscheinlich war der Berichterstatter schon so in Festlaune, dass er zehn Nomen mit zehn anderen vertauscht hat. Setzt du die Nomen an die richtigen Stellen, dann ergeben die Leitbuchstaben eine noch heute gebräuchliche Redensart.

__ __   __ __ __ __   __ __ __ __ __ __ __ __ __ __   __ __ __ __ __ __

„Die Lanze (W) befindet sich unterhalb des Burgberges. Der Helm (E) ist bereits mit Würstchen (C) abgegrenzt und Zuschauertribünen sind errichtet. Drum herum sind die bunten Heldentaten (A) der Turnierreiter. Dazwischen geschäftiges Treiben: Ritter (R) mit bunten Stoffen und den neuesten Hutmodellen.
Der Duft von frisch gebackenen Ehren (N) und heißen Schranken (D) liegt in der Luft. Musikanten, Damen (I) und Gaukler treiben ihren Schabernack mit den Turnierbesuchern. Turnierrufer, ‚Herolde' genannt, laufen herum, suchen sich ihre Verkaufsstände (E) aus, die sie dem Publikum vorstellen werden. Sie wollen die Zelte (I) des Ritters preisen und ihn präsentieren, immer in der Gunst (N) auf großzügige Belohnung.

Manches Edelfräulein hat jetzt nur noch Augen für ‚ihren Ritter'.
Heinrich bekommt von Mechthild ein Versprechen (E) in den Farben ihres Wappens überreicht. Stolz befestigt er es an seinem Turnierplatz (N) und flüstert ihr zu, dass er nur zu ihren Brezeln (S) beim Turnier kämpfen wird.
So manche Festwiese (I) wird er gleich für sie brechen müssen. Aber sein Band (K) wird ihm ein besonderer Ansporn sein.
Auch andere Ritter können sich der Gunstbeweise holder Jongleure (H) kaum erwehren. Auf der Seite der Damen versucht man sich gegenseitig zu übertreffen. Manch ein Ringlein (E) verschenkt sogar ein goldenes Fräulein (S), um ihre Hoffnung (N) zu zeigen."

❒ Der Tjost: Zweikampf zu Pferde

Heute ist es endlich so weit, das Turnier beginnt. Ritter Rudolf und sein Knappe Degenhart stehen hinter den Schranken des Turnierplatzes in der Menschenmenge. Für den jungen Degenhart ist es das erste Turnier. Er ist sehr aufgeregt und will alles ganz genau wissen.

Ritter Rudolf erzählt:

„Das Turnier beginnt gleich mit dem Tjosten. Zwei Ritter reiten in vollem Galopp aufeinander zu und versuchen, sich gegenseitig mit ihren Lanzen vom Pferd zu stechen. Oft sind die Gegner fast gleich stark. Da zersplittert so manche Lanze. Schau dir mal den Lanzenvorrat an, den Heinrichs Knappe gerade herbeischleppt. Er wird Heinrich davon so lange eine neue Lanze reichen, bis alle verstochen sind. Meistens zieht dann einer sein Schwert und pocht auf seinen Schild. Es ist das Zeichen dafür, dass der Kampf zu Fuß mit dem Schwert weitergeführt werden soll. Besser wäre es natürlich, wenn es ihm gelänge, seinen Gegner vorher aus dem Sattel zu heben und in den Staub zu befördern.
Verletzungsgefahr? Ja, glaub mal nicht, dass der Tjost ein Schaukampf wäre. Hier geht es um mehr als Ehre, Ruhm und Ansehen. Hier steht alles auf dem Spiel. Zwar sind die Lanzen stumpf und die Spitzen durch ‚Krönlein' ersetzt, doch es kommt immer wieder zu argen Verletzungen. Knochenbrüche sind ja noch harmlos, manchmal gibt es sogar Tote. Für einen armen Ritter kann ein verlorener Kampf den Ruin bedeuten. Der Sieger nimmt dem Besiegten nämlich Pferd und Rüstung ab. Obendrein wird er noch verhöhnt und verspottet. Oft kennt man seinen Gegner gar nicht, wenn es z.B. ein fahrender ‚Glücksritter' ist. Besonders heikel wird es, wenn dich ein ‚schwarzer Ritter' herausfordert, der sich nicht zu erkennen gibt. Es soll Fälle gegeben haben, wo jemand gegen den König selbst angetreten ist und nichts davon wusste. Aber jetzt geht es los! Schau selbst, Degenhart, und frag nicht mehr!"
Zwölf Ritter reiten ein und präsentieren sich dem Publikum, das sie begeistert empfängt. Allen voran der junge Ritter Heinrich von der Löwenburg. Ein Raunen geht durch die Menge, als ein Herold verkündet, dass er als Erster herausgefordert ist. Er stellt Heinrich vor, und obwohl er eben erst zum Ritter geschlagen wurde, gibt es schon die ein oder andere Ruhmestat von ihm zu berichten. Wer ist es, der ihn zum Kampf herausfordert? Der Herold ist sichtlich unsicher und ruft: „Der edle Ritter, Heinrich III. von der Löwenburg, gefordert von …". Doch seine Worte gehen in einem Aufschrei der Menge unter. Ein „schwarzer Ritter" reitet als 13. Kämpfer ein.

Schreibe als Lernerlebnis-Reporter eine spannende Reportage über das Turnier.

❐ Der Höhepunkt des Turniers

Die damaligen Aufzeichnungen über das Turnier sind völlig durcheinander geraten. Ordnest du die einzelnen Textabschnitte richtig, dann nennen dir die Leitbuchstaben den Namen dieses Wettkampfes.

___ ___ ___ ___ ___ ___

R

Als Degenhart Rudolf am Boden liegen sieht, eilt er herbei. Er schleppt ihn hinter die Schranke, reißt den Helm herunter, blickt in weit aufgerissene, starre Augen und weiß sofort, dass sein Herr tot ist. Erstickt? Totgetrampelt? Den Lanzenstoß nicht pariert und tödlich getroffen? Auf den Rängen Gejohle und gute Stimmung.

B

Gleich geht es hier richtig zur Sache. Auf den Zuschauerrängen dicht gedrängtes Publikum. Da passt keine Maus mehr zwischen. Selbst in den Ehrenlogen der feinen Gesellschaft streiten sich die edlen Damen um die besten Plätze. Fanfaren- und Trompetenspieler schmettern zum Auftakt ihre Begrüßungsklänge über den Turnierplatz.

U

Zweiter Durchgang:
Es scheint so, dass die übrig gebliebenen Kämpfer jetzt erst richtig Spaß an der Sache bekommen. Mit Kampfesrufen reiten sie aufeinander zu. „Zâ, zâ, hera her, spera sper, slacha slach, hurta hurt, stich unt stich, wicha wich, wurra wei!", so schallt es über den Platz. So mancher brüllt auch einfach den Namen seiner Angebeteten. Umso heftiger ist diesmal der Zusammenprall. In Kampfeswut geraten, greifen einige Ritter jetzt sogar nach ihren Streitkolben und schlagen aufeinander ein.

U

Alle teilnehmenden Ritter werden durch Herolde einzeln angekündigt. Dann teilen Schiedsrichter die einzelnen Kämpfer in zwei Parteien ein: „Artusritter gegen die Nibelungen!" Jedesmal, wenn einer der prachtvoll gerüsteten Ritter zu der ihm zugeteilten Gruppe reitet, branden Jubel und nicht enden wollendes Handgeklapper auf.

H

Das Startzeichen der Herolde geht fast unter im grenzenlosen Jubel von den Tribünen. Die zwei Parteien reiten jetzt mit ihren Lanzen aufeinander zu. Beim Zusammenprall entsteht ein heilloses Chaos. Lanzen splittern, Ritter stürzen aus den Sätteln, fallen übereinander, Pferde ohne Reiter brechen nach links und rechts aus, trampeln über die am Boden Liegenden. Alle Knappen eilen herbei, versuchen in dem Getümmel ihren Rittern auf die Beine zu helfen, reichen neue Lanzen, fangen die Pferde ein oder bemühen sich darum, ihren Herrn hinter die Schranken zu schleifen, um größeres Unglück abzuwenden. Degenhart hat Rudolf im Getümmel gefunden. Rudolf ist im Sattel geblieben, braucht aber eine neue Lanze. Sein Knappe ist zur Stelle. Als er Rudolf die Lanze reichen will, trifft ihn ein Pferdehuf an der Stirn. Trotz der blutenden Wunde verlässt Degenhart seinen Herren nicht.

T

Heinrich sucht an diesem Abend den verzweifelten Knappen Degenhart in seiner Unterkunft auf. Beide schauen sich lange schweigend an. Dann sagt Heinrich: „Solange mein Vater Herr der Löwenburg ist, habe ich dort keinen Platz. Ich will als Kreuzritter ins Heilige Land reiten. Und du, Degenhart, wirst mich als mein Knappe begleiten."

❒ Die Siegerehrung

Setzt ihr die Puzzleteile richtig zusammen, zeigt euch das Bild einen siegreichen Turnierkämpfer, der aus den Händen eines Edelfräuleins den Siegerkranz erhält.

Auch Gold und Silber winkten als Belohnung. Bei einem Turnier im Jahre 1263 wurde ein Baum mit goldenen und silbernen Blättern aufgestellt. Jeder Teilnehmer, der seinen Gegner vom Pferd stieß, bekam ein Goldblatt. Ein Silberblatt erhielt, wer die Lanze seines Gegners zerbrach. Als Preise wurden aber auch Waffen und Tiere ausgesetzt, etwa ein edles Pferd, sprechende Papageien oder sogar wilde Bären.

❑ Ein ritterliches Freizeitvergnügen: die Jagd

Jagdfieber auf der Wartburg. Landgraf Hermann hat eingeladen und niemand lässt sich dieses Vergnügen entgehen. Schon früh am Morgen bricht die große Jagdgesellschaft auf. Die Herren Ritter kommandieren lautstark ihre Hunde, die edlen Damen sitzen in den schönsten Gewändern auf ihren herausgeputzten Pferden. Jede trägt stolz ihren Lieblingsfalken auf der Faust. Mechthild hat erst vor kurzem einen eigenen Falken geschenkt bekommen. Sie ist so vernarrt in das Tier, dass sie es in ihrer Kemenate hält. Sie wünscht sich nichts mehr, als dass ihr Falke heute besonders reiche Beute macht.
Endlich bläst der Jagdmeister des Landgrafen das Eröffnungssignal auf seinem Jagdhorn, das man „Olifant“ nennt. Es ist aus Elfenbein geschnitzt. Die Hunde bellen um die Wette und die große Hatz beginnt.

Und hier noch einige Infos über die Jagd im Mittelalter. Aber aufgepasst: Die wilde Jagd hat die hervorgehobenen Begriffe durcheinander gewirbelt. Bringe die vertauschten Wörter wieder auf ihren ursprünglichen Platz.
Schreibe die korrigierten Texte in deine Mittelalter-Mappe.

Im **Zwinger** hatte die Jagd mit einem **Hasen** großes Ansehen, sie galt als besonders vornehm. Kaiser Friedrich II. hat sogar ein Buch über die **Beute** geschrieben.
Ein möglichst junger Falke wurde für die Jagd auf **Jagdhunde**, Kaninchen, **Falken**, Fasane und Reiher abgerichtet. Die Falknerin oder der **Jäger** trug ihn auf einem dicken **Glöckchen**. Bis zum Beginn der Jagd stülpte man dem Falken eine **„Belle“** über den Kopf, um ihn ruhig zu halten. Am Fuß wurde ein **Handschuh**, die **Haube**, befestigt.
Der Klang der „Belle“ führte den Jäger zur **Falkenjagd**. Nach erfolgreicher Jagd bekam der Falke zur Belohnung ein rohes Stück Fleisch.

Gute **Enten** waren der Stolz jedes **Wildes**. Sie wurden auf dem Burghof in Hundezwingern gehalten und von Hundewärtern, die zusammen mit den Tieren im **Mittelalter** schliefen, gut versorgt. Die Hunde brachten bei der Jagd die berittenen **Falkner** auf die Fährte des **Burgherrn**. Dann begann die Verfolgung, die Hatz.

❐ Mechthild, die junge Braut

Heute ist ein ganz besonderer Tag für das junge Burgfräulein Mechthild. Gleich wird sie ihrem zukünftigen Ehegatten, Gottfried von Landsberg, zum ersten Male gegenübertreten. Schon vor zehn Jahren, als Mechthild vier Jahre, Gottfried 14 Jahre alt war, haben die Väter die Kinder verlobt und den Ehevertrag ausgehandelt.

Eine vorteilhafte Verbindung: Zwei verfeindete Häuser wurden dadurch geeint. Fehden und Grenzstreitigkeiten konnten so beigelegt und eigene Machtbereiche gefestigt werden. Heute soll die Ehe in Landsberg, dem Wohnsitz des Bräutigams, geschlossen werden.

Vor knapp einer Stunde hat ein reitender Bote die Ankunft des jungen Grafen angekündigt. So ist alles vorbereitet, als der Bräutigam vor dem Burgtor die Herausgabe seiner Braut fordert.

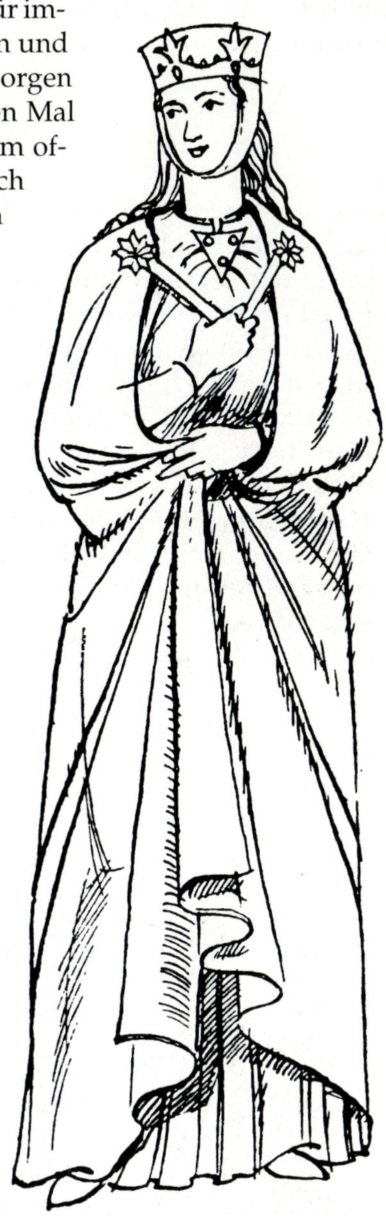

Mechthild stehen die Tränen in den Augen. Für immer soll sie jetzt die elterliche Burg verlassen und einem wildfremden Mann folgen. Schon morgen wird sie selbst Burgherrin sein. Zum letzten Mal trägt sie heute das Schapel (den Stirnreif) im offenen Haar. Als verheiratete Frau wird sie sich stets mit dem Gebende, einer kronenartigen Haube mit Kinnbinde, zeigen. Wie froh ist sie in diesem Augenblick, dass ihre Mutter sie in all den Jahren auf ihre neuen Pflichten gut vorbereitet hat. So lächelt sie tapfer, als sie ihre Eltern zum Abschied umarmt.

Aber diese mahnen zur Eile. Gottfried von Landsberg wartet mit seinen Knappen schon voller Ungeduld im Burghof. Viel zu lange dauert ihm die Herausgabe seiner Braut. Er ist ein Mann der Tat und fackelt nicht lange. Doch hier verbieten ihm Ritterlichkeit und Anstand ein allzu ungestümes Drängen. Als sich dann Mechthild, in prachtvolle Gewänder gekleidet, endlich im Burghof zeigt, geht ein Raunen durch die Schar der Knappen. Mit einer Handbewegung bringt der junge Graf sie zum Schweigen. Dann schreitet er würdevoll auf seine Braut zu und verneigt sich ehrerbietig. Feierlich übergibt ihm der Landgraf von Thüringen seine Tochter. Von nun an gehört Mechthild zur Familie der Landsberger.

Die Truhen mit den persönlichen Sachen der Braut und ihre Mitgift werden auf Pferdewagen verladen. Dann besteigt Mechthild das edle Ross, das ihr Bräutigam für sie mitführt. Ein letzter Blick zurück und das Burgtor schließt sich hinter dem jungen Brautpaar.

Das besondere Ereignis des heutigen Tages soll vom Burgkaplan in der Chronik der Löwenburg festgehalten werden. Schreibe als Kaplan den Bericht für die Burgchronik.

Schreibt die Gespräche, wie sie möglicherweise in der Kemenate und im Burghof stattgefunden haben, auf. Überlegt, was die Personen wohl gedacht und gefühlt haben. Lasst sie also nicht nur sprechen, sondern auch laut denken (z.B. in Selbstgesprächen oder an das Publikum gewendet). Stellt die Szenen als Rollenspiel dar.

❒ Ein Tag im Leben einer Burgherrin

Die Bilder zeigen Szenen aus dem Leben einer Burgherrin.
Was gehörte zu ihren Aufgaben, wie verbrachte sie ihre Freizeit?

Schildere als Burgherrin Mechthild deinen Tagesablauf.

Zu den bekanntesten Frauen der Ritterzeit gehörte die Herrin der Wartburg, Elisabeth von Thüringen (1207–1231).
Findet mehr über sie heraus.
Recherchiert in Geschichtsbüchern oder im Internet und präsentiert eure Ergebnisse.

❐ Walther von der Vogelweide – ein Star unter den Minnesängern

Landgraf Hermann von Thüringen, Herr der Wartburg, und seine Gemahlin liebten die Musik und Dichtkunst. Kontakte zu französischen Höfen hatten diese Leidenschaft geweckt.
In Frankreich erlebten sie Auftritte fahrender Sänger und Spielleute. Diese „Troubadoure" verehrten in ihren Liedern und Versen vornehmlich die adligen Frauen.
Es dauerte nicht lange, bis es auch in Deutschland Minnesänger gab, die mit ihren Liedern von Burg zu Burg reisten. Sie besangen die Heldentaten berühmter Ritter, z.B. die der Tafelrunde, priesen die Schönheit der Burgherrin und die glorreichen Taten des Burgherrn, erzählten von Liebesleid oder Liebesglück („Minne" ist ja das mittelalterliche Wort für Liebe).

Ein Star unter den Minnesängern war Walther von der Vogelweide. Er war ein häufiger und gern gesehener Gast auf der Wartburg.
1206 soll es auf der Wartburg sogar einen Sängerwettstreit gegeben haben, an dem er und sechs andere berühmte Minnesänger jener Zeit teilnahmen.

Im folgenden Rechteck ist der Anfang eines seiner bekanntesten Gedichte versteckt. Es ist in dem damals gebräuchlichen Deutsch geschrieben, das wir heute „Mittelhochdeutsch" nennen.

Ich saz	**in mîne**	**bein**	**und**
mit beine,	**daz kinne**	**satzt**	**hant**
ich hete	**ûf eime**	**ein mîn**	**und dahte**
wange.	**dar ûf**	**gesmogen**	**ich den**
	ellen-bogen;	**steine**	

Springe von Feld zu Feld wie mit dem Pferd beim Schach, also ein Feld gerade (entweder senkrecht oder waagerecht), ein Feld schräg. Beginne oben links. Die farbigen Felder sind gesperrt.
Schreibe die Verse auf und übertrage sie in unser heutiges Deutsch.
Tipp: Schau dir das Bild des Dichters genau an.

Beim Sängerwettstreit auf der Wartburg kam es zu einer handfesten Auseinandersetzung.
Wer von euch findet heraus, was damals geschah, und berichtet darüber?

❐ Ritter Wunderlich

Auch der Minnesänger, von dem jetzt die Rede ist, war im Mittelalter sehr bekannt. Um den angebeteten Frauen seine Verehrung zu beweisen, machte er die verrücktesten Dinge. Aber aufgepasst! Nicht alles, was an Tollheiten hier aufgeführt ist, ist auch wirklich wahr.

Die Buchstaben, die hinter den wahren Begebenheiten stehen, ergeben, von oben nach unten gelesen, den Namen dieses wunderlichen Ritters. Manchmal sind auch mehrere Antworten zutreffend.

_ _ _ _ _ _ _   _ _ _   _ _ _ _ _ _ _ _ _ _ _ _

In die erste „Dame seines Herzens" verliebte er sich, wie er selbst behauptete, mit
a) 5 Jahren, **WA**
b) 12 Jahren, **UL**
c) 20 Jahren. **HE**

Als fahrender Ritter reiste er durch
a) Bayern, **IN**
b) Europa, **RI**
c) das Salzkammergut in Österreich. **LT**

Bei seinen Kämpfen um die Gunst der Damen trug er
a) eine langhaarige, blonde Perücke, **C**
b) Frauenkleider, **H**
c) eine Mönchskutte. **R**

Auch das geschah bei der Ausübung seiner Minnekunst:
a) Er büßte einen Finger ein. **V**
b) Er musste mehrere seiner Dörfer verpfänden. **O**
c) Nach kurzer Ehe hat ihn seine Frau verlassen. **HE**

Einer seiner Reisen als fahrender Ritter gab er folgenden Namen:
a) Damen-Solo, **AUS**
b) Love-Parade, **VOM**
c) Venus-Tour. **N**

Um besonders schön zu sein,
a) ließ er eine Schönheitsoperation an der etwas verwachsenen Unterlippe ausführen, **LIC**
b) rasierte er sich täglich am ganzen Körper, **FRE**
c) lackierte er seine Finger- und Fußnägel rot. **KON**

Um der Dame seines Herzens zu gefallen,
a) trank er das Waschwasser, in das sie ihre Hände getaucht hatte. **HTE**
b) ließ er sich deren Badewasser abends in die Rüstung gießen und schlief darin. **IF**
c) kroch er, laut heulend und in ein Wolfsfell gekleidet, vor dem Fenster der Dame herum. **STA**

Auf einer seiner Reisen schenkte er jedem Ritter, der ihn besiegte,
a) eine Einladung zur Jagd in seinen Wäldern, **NTI**
b) einen sich reimenden Vierzeiler, **NFE**
c) einen goldenen Ring. **NST**

Dafür sollte der Sieger der „Dame seines Herzens" huldigen, indem er
a) ihr die Füße küsste, **LSY**
b) sich in alle vier Himmelsrichtungen verneigte, **EIN**
c) auf dem Turnierplatz die Kleider mit ihm tauschte. **NOP**

❒ Einladung zum Ritterfest

Feiert doch einmal euren Geburtstag oder eine Klassenparty als Ritterfest.
Natürlich mit allem, was dazugehört:
Rittermahl mit mittelalterlichen Tischsitten, Ritterschlag und natürlich Ritterspielen.
Hier ist vom Felsbrockenweitwurf, Wettlauf in voller „Rüstung“ (in Form von Kochtöpfen, Deckeln ...), Ringewerfen, Bogenschießen bis zum Eierlaufen, Sackhüpfen, Blinde-Kuh-Spiel, Brett- und Würfelspielen alles erlaubt. Denn diese Spiele wurden auch schon im Mittelalter gespielt.

Aber kein Fest ohne Einladung!

Im Mittelalter schickte der Burgherr seine Knappen aus, um die Ritter und ihre Familien von nah und fern zu einem großen Burgenfest einzuladen. Wir nehmen heute die Post, die es im Mittelalter noch nicht gab.

Auf dieser Seite findet ihr eine Bastelanleitung für eine Einladungskarte.

Ihr braucht:

- ☆ 2 Blätter Tonpapier (ungefähr 20 x 30 cm)
- ☆ Schere
- ☆ Kleber
- ☆ Buntstifte

1. Beide Blätter einmal falten.
2. In die gefaltete Seite eines Blattes ungefähr in der Mitte einen senkrechten Schnitt machen (5 cm).
3. Das Papier über dem Einschnitt nach oben falten, sodass ein Dreieck entsteht.
   Das Papier öffnen und das Dreieck vorsichtig nach innen ziehen. Wenn ihr das Papier schließt und wieder öffnet, bewegt sich das Dreieck und klappt auf.
4. Um das Dreieck einen Ritterhelm malen, sodass das Dreieck zum Visier wird.
5. Das zweite Blatt Tonpapier unter euer bemaltes legen und mit Bleistift die lange Seite des Dreiecks dünn auf das zweite Blatt malen.
6. Über den Strich malt ihr dann auf das zweite Blatt ein Paar Augen, vielleicht mit buschigen Augenbrauen.
7. Jetzt das Blatt mit dem Dreieck auf das zweite Blatt kleben. Fertig.
8. Wenn ihr eure Karte jetzt aufklappt, müssten euch die Augen aus dem Visier ansehen.
9. Um den Helm herum könnt ihr jetzt euren Text schreiben.

(Christa Holtei, Ritterleben auf der Burg, 2. Aufl., Kbv, Luzern 1999)

❐ Unser „dorp" Bruchhausen

Stina kennt nichts anderes als Bruchhausen. Hier wurde sie geboren. Hier hat sie auf dem Bauernhof der Eltern, zusammen mit ihren sieben Geschwistern, die Kindheit verbracht und ist jetzt ein fröhliches Bauernmädel. Ihr Alter? Sie weiß es selbst nicht so genau. Unbekümmert streckt sie ihre zehn Finger in die Höhe, zuckt mit den Schultern und zeigt dann, je nach Laune, noch einmal zwei bis vier Finger. Bruchhausen ist für Stina der schönste Platz der Welt. Sie ist ganz versessen darauf, ihn euch vorzustellen.

„Das hier ist unsere **Kirche**. Aus Stein ist sie gebaut und so groß, dass wir alle hier im dorp darin Platz finden. Wie schön ist es doch in unserer Kirche – und besonders an Festtagen! Denn dann wird sie von uns Kindern mit selbst geflochtenen Girlanden aus Zweigen und Wiesenblumen geschmückt. Aber oft geht es weniger fröhlich zu. Ich bin immer noch traurig, wenn ich daran denke, dass drei meiner Geschwister auf dem **Kirchhof** begraben liegen.

Kommt lieber weiter. Hier in dem **Bauernhaus** oberhalb der Kirche wohne ich. Seht ihr unser kleines Gärtchen, in dem meine Mutter Gemüse und Kräuter zieht? Um unsere Schafe, Ziegen und Hühner kümmere ich mich zusammen mit meinen kleineren Geschwistern.

Vater und mein großer Bruder Hannes versorgen unsere Rinder und Schweine. Zur Zeit der Bucheckern binden sie unseren Schweinen kleine Glöckchen um und treiben sie in den **Wald**. Hannes hat mir einmal erzählt, was für ein Festschmaus die Eicheln und Bucheckern für die Schweinchen sind. Hauptsache, sie werden dick und fett! Vater und Hannes verrichten auch die Arbeit auf den **Feldern** und in den **Weinbergen** hinter unserem Haus. Zum Glück ist das Stallausmisten auch Männersache. Bei Sä- und Erntearbeiten helfen wir natürlich alle mit.

Aber am liebsten gehe ich mit Mutter zum Brotbacken. Auf dem **Dorfplatz**, neben unserer **Linde**, steht das **Backhaus**, das von allen Familien im dorp genutzt wird. Wie gut das frisch gebackene Brot duftet! Ich kann es dann kaum erwarten, mir davon eine Scheibe abzuschneiden.

Direkt neben dem Backhaus seht ihr den **Ziehbrunnen**. Jeden Tag muss ich hier frisches Wasser schöpfen und es in Holzeimern und Krügen nach Hause schleppen. Viel lieber spiele ich natürlich mit den anderen Kindern auf dem Dorfplatz oder am **Fluss**, wo wir auch Fische fangen.

Hier im dorp sind wir sicher, heißt es. Ein dichter **Verhau** aus Baumstämmen und dornigen Sträuchern schützt uns vor Wölfen und anderen wilden Tieren. Auch Räuber und lichtscheues Gesindel soll der Zaun fernhalten. Aber jetzt genug geplaudert. Ich habe Vater versprochen, ihn aus dem ‚Dorfkrug' abzuholen."

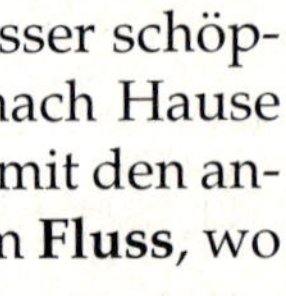

Beschrifte die Zeichnung mit den hervorgehobenen Begriffen.

❒ Im Bauernhaus

Zwölf Nomen fehlen in dem folgenden Text. Setze sie ein. In die richtige Reihenfolge gebracht, nennen dir die Leitbuchstaben zwei Tätigkeiten der Bauersfrauen, die vor allem im Winter im Haus verrichtet wurden.

_ _ _ _ _ _ _ und _ _ _ _ _

Bänken (**B**), Baumstämmen (**P**), Brot (**N**), Fenster (**S**), Feuerstelle (**N**), Fleisch (**E**), Gemüseeintopf (**N**), Hahnenschrei (**N**), Holzlöffel (**E**), Strohsäcke (**E**), Töpfen (**W**), Wände (**I**)

Stina ist stolz auf das Haus, in dem sie mit ihren Eltern und Geschwistern, Kühen und Schweinen lebt, und möchte euch natürlich alles zeigen. „Kommt ruhig mit rein! Unsere Tür steht jetzt im Sommer tagsüber immer offen, damit mehr Licht in den Wohnraum kommt. ____________________ haben wir außer kleinen Luken keine, damit im Winter Feuchtigkeit und Kälte draußen bleiben. Vater hat unser Haus aus einem Gerüst aus ____________________ selbst gebaut. Die ____________________ bestehen aus geflochtenen Zweigen und Lehm. Es gibt sogar zwischen dem Viehstall und unserer Kammer eine Trennwand. Das haben nicht alle Bauernhäuser.

Das Wichtigste im Haus ist die ____________________. Hier wird gekocht und sie wärmt uns, wenn wir gemütlich zusammensitzen. Über eine kleine Öffnung im Dachfirst kann der Rauch abziehen. Trotzdem beißt der Qualm in den Augen und oft husten wir bei der Arbeit um die Wette. Besonders schlimm ist es im Winter, wenn wir wegen der Kälte das Haus seltener verlassen.

Aber auch der Winter hat seine guten Seiten. Denn wenn die Tage kürzer sind, arbeiten wir auch weniger. Dann stehen wir nicht mit dem ____________________ auf, sondern schlafen ‚bis in die Puppen'. Denn wer schläft, braucht nicht zu essen.

Wenn es besonders kalt ist, nehmen wir einfach unsere ____________________ und kuscheln uns zwischen die Tiere. Da stinkt es zwar ganz furchtbar, dafür ist es aber mollig warm. Vor dem Einschlafen erzählen wir uns manchmal noch Geschichten. Das lenkt ein wenig vom knurrenden Magen ab, denn im Winter haben wir nicht gerade viel zu beißen.

Morgens gibt es Hirsebrei mit Molke und Brot. Mittags brodelt meist ein ____________________ über dem Feuer. In den ____________________ muss man ständig rühren, damit nichts anbrennt. Vater und meine älteren Brüder trinken abends gerne zu Käse und Schmalzbroten selbst gebrautes Bier. Uns anderen schmecken Trauben- und Beerensäfte am besten. ____________________ können wir uns nur selten erlauben, höchstens mal an Festtagen.

Es ist gemütlich, wenn sich die ganze Familie auf den ____________________ um den großen Holztisch herum versammelt. Alle löffeln aus einem Topf. Dicken Brei oder Eintopf gibt uns Mutter mit dem ____________________ direkt auf eine große Scheibe vom alten ____________________.

Ja, so ist das hier bei uns."

Ausflugstipp: Das Freilichtmuseum Düppel in Berlin zeigt Nachbauten solcher Häuser. Hier habt ihr mittelalterliches Dorfleben „live". Die Kontaktadresse findet ihr unter „Museen, Burgen und Klöster stellen sich vor" auf S. 84.

❒ Die bäuerliche Kleidung

Natürlich haben die Bauern ihre Kleidung selbst hergestellt. Sie bauten Flachs an und hielten Schafe. Die Frauen und Mädchen haben dann aus dem Flachs und der Schafswolle Fäden gesponnen und diese zu groben Stoffen verwebt. Besonders beliebt war aber auch das Filzen.
Tipp: Im Lösungsteil findet ihr eine kleine Anleitung zum Filzen. Versucht es einmal selbst.

Mehr über die bäuerliche Kleidung verrät dir der folgende Text. Aber aufgepasst, die fett gedruckten Satzteile sind völlig durcheinander geraten. Bringe Ordnung in das Chaos und schreibe den Text dann in deine Mappe.

Die Kleidung der Männer und Jungen:
Zunächst umwickelte man den Unterleib **mit einem Kopftuch.** Dann folgte **der Strohhut.** Darüber wurde bei kälterem Wetter **ein langes Hemdkleid aus Leinen, das man Kutte nannte,** gezogen.
Auf dem Kopf trug man **ein kurzes Kittelhemd aus Leinen**.

Die Kleidung der Frauen und Mädchen:
Auf der Haut trug man **ein zweites aus Wolle.** Darüber zog man im Winter **Schuhe, die oft aus Stroh, Filz oder Holz gefertigt waren.**
Als verheiratete Frau musste man, mit Ausnahme bei der Feldarbeit, das Haar **mit Fuß- und Wadenwickeln** verhüllen.

Das trugen alle:
Die Beine umhüllte man **mit einem Tuch, dem so genannten Bruoch, einer Art Unterhose.** An den Füßen trug man **einen Kapuzenumhang aus dickem Wollstoff oder Filz.** Oder man ging barfuß.
Bei der Arbeit auf dem Feld schützte **ein zweites wollenes Kleid** den Kopf vor der Sonne. In der kalten Jahreszeit trug man **einen Hut aus Filz** um Kopf und Schultern.

Weißkohleintopf mit frischen Kräutern

Zutaten für vier Personen:

- 1 Kohlkopf (z.B. Weiß- oder Spitzkohl)
- 500g Rindfleisch (Suppenfleisch)
- ein wenig Salz
- 2 große Zwiebeln
- Thymian, Majoran, Liebstöckel
- 4 Fladenbrote (oder große Scheiben von dunklem Brot)

Zubereitung:

Einen großen Topf zur Hälfte mit Wasser füllen und über ein offenes Feuer hängen (zu Hause reicht natürlich auch die neuzeitliche „Feuerstelle"); das Rindfleisch in Würfelchen schneiden und dazugeben; den Kohlkopf und die Zwiebeln klein schneiden, waschen und ebenfalls dazugeben; Achtung: Kohl fällt beim Kochen stark in sich zusammen, also nicht noch mehr Wasser zugeben, auch wenn der Kohl zu Anfang nicht vollständig bedeckt ist; mit Thymian, Majoran und Liebstöckel würzen (dabei nicht geizen!); mindestens $1^1/_2$ Stunden köcheln lassen, bis das Wasser verkocht, der Kohl zusammengefallen ist und das Ganze einen sämigen Eintopf ergeben hat; zum Schluss eine kleine Prise Salz dazugeben.

Um den mittelalterlichen Geschmack nachzuahmen, sollte man möglichst auf Salz verzichten, denn es kam aus Kostengründen nicht in jede Speise; Geschmack erhielt das Essen durch die Kräuter.

Zum Servieren den Eintopf auf flache Brotfladen geben; falls man keine Gelegenheit zum Selberbacken hat, reichen auch dicke Brotscheiben von dunklem, festem Brot als Teller.

Gegessen wird mit den Fingern - Guten Appetit!

(Aus: Pax et gaudium, Nr. 4/August 2001, S. 65, Rezeptvorschlag von Claudia Beckers-Dohlen)

❒ Anton, Höriger des Grafen von der Löwenburg

„Hat euch meine Tochter Stina schon von mir erzählt? Wenn nicht, dann lernt ihr mich eben jetzt kennen. Ich bin Anton, ein **höriger Bauer** aus Bruchhausen.
Die Zeiten für mich und meine Familie sind hart, aber Gott sei Dank: Ich habe meine Freiheiten, auch wenn ich kein freier Mann bin. Wir leben auf einem Bauernhof, von dem uns keiner vertreiben kann. Die Felder, die ich beackere, und die Weinberge gehören freilich nicht mir. Sie gehören dem Grafen, meinem **Grundherrn.** Ich kann mir sogar von der Burg Ackergeräte ausleihen. Die großen Sensen und den dreirädrigen Pflug könnte ich mir nicht leisten.
Die **freien Bauern** haben's meistens noch schlechter als wir. Sie müssen dem König Kriegsdienste leisten. Dafür benötigt man eine teure Ausrüstung und viel schlimmer ist, dass in Kriegszeiten Frau und Kinder sich allein um den Hof kümmern müssen. Das geht nicht lange gut!
Ist Krieg in unseren Landen, dann zieht mein Grundherr mit seinem Tross an Rittern in die Schlacht, schützt uns und gewährt uns im Notfall Zuflucht in seiner Burg
Natürlich gibt es auch Nachteile.
Das sind die **Abgaben**, die der Herr an genau festgelegten Tagen von uns verlangt: Hühner, Eier, Käse, Getreide, Ferkel, Schafe, Honig, Kühe ... Das hätten eher meine Frau und die Kinder benötigt. Aber es ist noch mehr.
Mit meinen ältesten Söhnen muss ich **Frondienste** verrichten. Wir pflügen die Ländereien des Grafen, säen, ernten und arbeiten in seinen Weinbergen. Wenn der Herr uns rufen lässt, müssen wir alles stehen und liegen lassen und zur Burg eilen.
Ich will ja nicht klagen, es lässt sich aushalten. Aber in diesem Jahr geht alles schief. Zuerst ist mir die Ernte verhagelt, dann sind die hohen Herren bei der Jagd einfach über meine Felder galoppiert. Halb verhungert sind wir schon. Unsere jüngste Tochter haben wir zum Kirchhof tragen müssen. Es ist schwer in dieser Zeit.
Weiß das eigentlich auch der **Vogt**, der Verwalter des Grafen, der gestern ins Dorf geritten kam und jedem Prügel androhte, der seine Abgaben nicht pünktlich leistet?
Bald wird unser **Dorfältester** den Grafen bitten, Gnade vor Recht ergehen zu lassen. Hoffentlich schenkt man ihm Gehör und senkt die Abgaben ein wenig. Vielleicht kommen wir alle so über die Runden. Ist doch klar, dass auch der Burgherr für den Winter seine Speicher gefüllt haben muss. Wie soll er uns sonst bei einem Überfall verteidigen?"

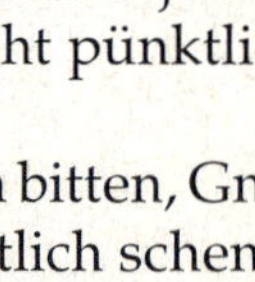

Erläutere die hervorgehobenen Begriffe. Vielleicht gelingt es dir ja auch, sie zu einem „Bauernrätsel" (als Silben- oder Kreuzworträtsel) zusammenzufügen.

Das Leben in der Stadt

❒ In einer mittelalterlichen Stadt

Heute macht sich Bauer Hugo wieder auf, um auf dem Markt der nahen Stadt Gemüse, Eier und Käse zum Verkauf anzubieten. Anna, seine 13-jährige Tochter, soll ihn begleiten. Anna kennt nur ihr kleines Dorf und die Burg des Grafen. Unter einer Stadt kann sie sich nichts vorstellen. Schon seit Stunden sind sie mit ihrem voll beladenen Handkarren unterwegs, als plötzlich die Stadt vor ihnen auftaucht. „Sieht ja aus wie eine riesige Burg!“, ruft Anna, als sie sich der Stadtmauer mit den vielen Türmen und Stadttoren nähern.
Der Vater lacht und meint: „Ja, vielleicht nennen sich die Stadtbewohner deshalb ‚burglieute‘.“ (Später wird daraus „Bürger“.)

Plötzlich entdeckt Anna einen Rabenschwarm. Laut krächzend kreisen sie über den Galgen vor der Stadtmauer, an denen zwei Männer baumeln. Anna schlägt die Hände vors Gesicht und weint.
„Verbrecher sind es, die hier für ihre Schandtaten büßen müssen. Lass uns schnell weitergehen, damit wir das Gekreische der Unglücksraben nicht mehr hören müssen“, sagt der Vater und zieht Anna weg von diesem grausigen Ort.
Am Stadttor gibt es Gedränge: Kaufleute mit voll beladenen Planwagen, Bauern mit Handkarren und Ochsengespannen. Die Torwächter klettern von Wagen zu Wagen, untersuchen Karren, Körbe und Kiepen. Nichts Unerlaubtes darf in die Stadt eingeführt

werden. Da, sie finden bei einem Bauern ein langes Messer. Als die Torwächter mit ihren Spießen drohend vor ihm stehen, sucht er fluchtartig das Weite.
Anna atmet auf, als sie endlich die Kontrollen passiert haben und sich auf einer gepflasterten Straße dem Marktplatz mit dem großen Brunnen nähern. Hier drängen sich die Frauen um Wasser zu schöpfen.
Was es hier alles zu sehen gibt!
Anna staunt, welch große und prachtvolle Kirchen es hier gibt. Die Stadtpfarrkirche mit dem markanten Turmkreuz entdeckt sie zuerst. Und dann sieht sie den Dom. Seine Doppeltürme ragen bis in den Himmel.
„Das ist die Bischofskirche, auf die alle hier mächtig stolz sind“, erklärt der Vater. „Pilger kommen von weit her, um vor den heiligen Reliquien zu beten. Und dort drüben, das reich verzierte Haus, das ist das Rathaus. Hier wird alles das beschlossen und geregelt, was für die Stadt wichtig ist. Frag mich nicht, wie das geschieht!“ Anna will das auch gar nicht wissen. Sie findet das Haus nur wunderschön. Und dann die großen Kaufmannshäuser: alle aus Stein gebaut, zwei oder sogar drei Stockwerke hoch.
Als die beiden ihre Waren auf dem Karren ausgebreitet haben, darf Anna sich in der Stadt ein wenig umschauen. Was für ein Gewimmel von Menschen! Und die vielen Armen, die Blinden und Lahmen, die an jeder Ecke um Almosen bitten.
Sie läuft in eine der vielen Seitengassen. Hier stehen die Fachwerkhäuser dicht gedrängt. Erker, die so weit vorgebaut sind, dass man in den engen Gassen kaum noch den Himmel sieht. „Fast wie bei uns im Dorf“, denkt Anna beim Anblick der Hühner, Schweine und Ziegen, die sich in den Gassen tummeln. Entsprechend riecht es auch: Misthaufen an jeder Ecke, dazu Küchenabfälle, der Inhalt von Nachttöpfen, der von den Hausbewohnern einfach aus dem Fenster geworfen wird. „Ein Paradies für Ratten!“, denkt Anna und springt über dicke Steine oder bereitgelegte Bretter, um nicht im Straßenschmutz zu versinken.

Auch wenn jede mittelalterliche Stadt ihr besonderes Erscheinungsbild hatte, so gab es doch Gemeinsamkeiten.
Aus der Erzählung über Annas ersten Stadtbesuch hast du erfahren, was zu jeder Stadt gehörte.
Markiere im Text die Schlüsselbegriffe.

Hier einige Vorschläge für Gruppenarbeit:

- „Unsere Stadt im Mittelalter“
  Geht auf Spurensuche. Besorgt euch Informationsmaterial, z.B. im Stadtmuseum, im Archiv oder in der Stadtbücherei.
  Fotografiert oder zeichnet Gebäude, Wappen, Stadttore, Kirchen und andere Dinge, die aus dem Mittelalter stammen.
- „Die Stadt – früher und heute“
  Sammelt Bilder von modernen und mittelalterlichen Stadtansichten (recherchiert z.B. im Internet oder in der Stadtbücherei) und stellt sie in Form einer Wandzeitung zusammen.

  Tipp:
  Erstellt im Kunstunterricht Scherenschnitte einer mittelalterlichen und einer modernen „Skyline“ oder fertigt Linolschnitte von einzelnen Gebäuden an.
- „Der schwarze Tod“
  Zwischen 1347 und 1352 wütete in Europa eine verheerende Pestepidemie.
  Schreibt ein Referat zu diesem Thema. Tipp für eure Internet-Recherche:
  www.fogelvrei.de/Besucher
  Im Lösungsteil findet ihr die ergreifende Schilderung der Seuche durch einen Zeitzeugen.

❒ Stadtluft macht frei

Als Bauer Hugo alle seine Waren verkauft hat, will er sich mit seiner Tochter Anna wieder auf den Heimweg machen. Da sieht er plötzlich jemanden, den er zu kennen glaubt. „Hey du, halt ein! Bist du nicht der Hannes aus unserem Dorf?"
Der andere schaut sich um. „Mensch Hugo! Über acht Jahre haben wir uns jetzt nicht gesehen. Du hier?"
Die beiden umarmen sich herzlich.
Anschließend hat Hugo ganz viele Fragen: „Hannes, warum bist du damals bei Nacht und Nebel mit Sack und Pack aus dem Dorf verschwunden? Musstest du fliehen? Hattest du was angestellt? Und was ist mit deiner Frau? Die hat doch immer so schmackhaftes Brot und leckere Brezeln gebacken."
Hannes grinst über beide Backen: „Ich hatte die Nase voll von den Frondiensten und von den hohen Abgaben. War die Ernte schlecht, blieb kaum etwas übrig für mich und meine Familie. So habe ich mich damals aus dem Staub gemacht um mein Glück in der Stadt zu suchen. Und ich habe es hier gefunden. Heute gehört meiner Frau und mir die größte Bäckerei in der Stadt."
Hugo staunt und schüttelt ungläubig den Kopf. „Aber du, deine Frau, deine Kinder, ihr gehört doch dem Grafen. Leibeigene dürfen doch nicht einfach wegziehen."
Hannes zuckt mit den Schultern. Dann erzählt er fröhlich weiter. „Uns geht's jetzt gut, viel besser als früher im Dorf. Mein ältester Sohn, der Peter, will auch Bäcker werden. Er übernimmt später einmal unseren Bäckerladen. Bruno, der Jüngste, erlernt das Schuhmacherhandwerk. Und bestimmt erinnerst du dich noch an meine Tochter Hedda. Sie heiratet bald einen reichen Kaufmann."
Hugo unterbricht ihn ungeduldig: „Aber wir Hörigen dürfen doch ohne die Zustimmung unseres Grundherrn kein Handwerk erlernen. Und deine Tochter heiratet keinen Bauern? Etwa alles ohne die Erlaubnis unseres Grafen? Ich verstehe die Welt nicht mehr!"
„Mensch, Hugo, begreif doch! In der Stadt gilt: Wer länger als ein Jahr und einen Tag hier lebt, ohne dass ihn in dieser Zeit sein Grundherr zurückgefordert hat, der ist frei. Frei! Verstehst du, Hugo? Für mich gibt es keinen Grafen mehr. Ich bin ein freier Stadtbürger und darauf bin ich stolz. Aber jetzt muss ich los. Meine Familie wartet."
Beide umarmen sich noch einmal zum Abschied. Bevor Hannes in der Menge verschwindet, dreht er sich noch einmal um. „Stadtluft macht frei!", ruft er Hugo zu. „Sei schlau, mach's wie ich!"
Nachdenklich macht sich Hugo auf den Weg zurück ins Dorf.
„Rate mal, wen ich in der Stadt getroffen habe", ruft Annas Vater der Mutter schon von weitem zu.

Erzähle in der Rolle des Vaters von all dem, was er von Hannes erfahren hat.

Was wird die Mutter, was werden die Kinder zu den Neuigkeiten sagen? Werden sie Hannes' Rat befolgen?
Stellt das Gespräch zwischen Mutter, Vater, den beiden Söhnen und Anna als kleine Spielszene dar.

❐ Die neue Kathedrale: ein Traum aus buntem Glas

Köln, im April des Jahres 1248 nach der Geburt unseres Herrn.
Eine riesige Feuersäule erhellt den Nachthimmel: Der Dom steht in Flammen. Der goldene Schrein mit den Gebeinen der Heiligen Drei Könige kann noch in letzter Minute gerettet werden. Seit der Dom die Reliquien der Könige aus dem Morgenland beherbergt, bietet er nicht mehr genug Platz für die Pilgerströme aus ganz Europa. Das Domkapitel hat daher den Bau eines neuen, größeren Domes längst beschlossen. Jetzt beauftragt der Erzbischof seinen Dombaumeister, sofort mit dem Neubau zu beginnen. Meister Gerhard hat hochfliegende Pläne. Nicht umsonst ist er während seiner Lehrzeit durch ganz Europa gezogen. In Frankreich hat er eine neue Art zu bauen kennen gelernt. Das Herz schlägt ihm bis zum Hals, wenn er an die Kathedralen denkt, die in Paris, in Amiens oder Chartres entstehen. Ja, so soll auch der neue Dom in Köln aussehen, aber noch größer, noch höher, noch prächtiger.
Voller Begeisterung erzählt er seinen Steinmetzen in der Dombauhütte von diesem neuen französischen Baustil, der später „gotisch" genannt wurde.
„Wie im Paradies fühlte ich mich, als ich zum ersten Mal Notre-Dame in Paris betrat. Stellt euch vor, es gibt fast keine Wände, nur Fenster, hohe Fenster, deren **Spitzbögen** zum Himmel weisen. In ihnen strahlen große, runde **Fensterrosen** – Rosetten genannt – in allen Farben. Zwischen Ornamenten aus Stein, dem **Maßwerk**, haben die Glaser unzählige bunte Glasstücke eingesetzt, die in Blei gefasst sind.
Die schlanken Säulen zwischen den hohen Fenstern vereinigen sich oben in schwindelnder Höhe zu einem **Kreuzrippengewölbe** mit einem **Schlussstein** in der Mitte."
Ungläubiges Staunen bei den Steinmetzen: „Wie sollen denn so dünne Säulen ein riesiges Gewölbe tragen? Beim nächsten Sturm stürzt doch die ganze Kirche in sich zusammen."
Meister Gerhard grinst und legt ihnen Zeichnungen vor, die er in Paris angefertigt hat.
Dann fährt er fort: „Ja, das dachte ich auch. Aber als ich mir dann die Kathedrale von außen ansah, habe ich den genialen Trick durchschaut. Die Säulen werden nämlich von doppelstöckigen **Strebebögen** abgestützt. Zum Boden hin münden sie in **Strebepfeiler.** Diese werden gekrönt von kleinen Türmchen, den **Fialen**. Steinerne **Wasserspeier**, häufig in Form drachenähnlicher Ungeheuer, halten das Regenwasser vom Mauerwerk fern.
Ja, in dieser neuen Bauweise bauen auch wir unsere Kathedrale. Ein Gotteshaus von atemberaubender Schönheit soll entstehen."

1 Beschrifte die Zeichnung mit den im Text hervorgehobenen Begriffen.
2 Wodurch unterscheidet sich der gotische Baustil vom romanischen?

❐ Entwurf und Gestaltung einer gotischen Rosette

Köln im Jahre 2002. Günter Hettinger, Glasrestaurator in der Kölner Dombauhütte, arbeitet gerade an einer mehr als 700 Jahre alten Fensterrose.

„Ist sie nicht wunderschön? Bald wird sie wieder unseren Hohen Dom schmücken.
Unsere fünfblättrige Fensterrose, auch Fünfpass genannt, hat im kleinen Innenkreis fünf goldgelbe kleine Blättchen. Die sich anschließenden größeren Blütenblätter sind innen hellrot, werden dann aber nach außen hin dunkler. Zwischen den Blütenblättern sieht man fünf grüne Kelchblätter. Die Ringe um die fünf großen Kreise (Fünfpasskreise) und um die Gesamtrosette erstrahlen in den verschiedensten Blauschattierungen. Durch diese Farbverläufe von hell nach dunkel wollten die mittelalterlichen Glasermeister der Rosette Lebendigkeit verleihen. Die Spitzen in der Mitte der Fünfpasskreise sind violett, aber auch mit Verläufen von hell nach dunkel. Die Fünfpasskreise selbst bestehen aus ungefärbtem Glas. Da man im Mittelalter das Glas aber nicht wie heute vollständig farblos herstellen konnte, ist es immer zartgrün, aber in vielen Abstufungen und Farbnuancen. Die Blattornamente innerhalb der Fünfpasskreise wurden von den Glasmalern mit Schwarzlotfarbe auf das Glas gemalt und danach eingebrannt.

Versucht doch einmal selbst, dieses Meisterwerk mittelalterlicher Glaskunst nachzuarbeiten, entweder auf Papier oder als farbiges Glasbild. Diejenigen, die selbst zu Zirkel und Winkelmaß greifen wollen, finden im Lösungsteil eine genaue Konstruktionsbeschreibung dieser Rosette. Ihr werdet staunen, über wie viel theoretisches Wissen die mittelalterlichen Glasermeister bereits verfügten.
Alle anderen finden im Lösungsteil unsere Fensterrose, reduziert auf die Umrisslinien. Ihr könnt sie entsprechend vergrößern und farbig ausgestalten. Eine besonders schöne Wirkung erzielt ihr natürlich mit Glasmalfarbe: Befestigt die Vorlage unter einer gerahmten (Acryl-) Glasscheibe oder einer Fensterfolie. Zieht zunächst mit schwarzer Farbe die Konturen nach und malt danach die Rosette mit transparenten Farben aus. Aber die Schattierungen und Farbverläufe nicht vergessen! Habt ihr alle Flächen farbig angelegt, malt ihr mit schwarzer Farbe die Blattornamente in die Fünfpasskreise. Ob ihr euch dabei genau an die Vorlage haltet oder eure Fantasie spielen lasst, das bleibt euch überlassen. Viel Spaß bei der Gestaltung eurer Fensterrose!

Euer Günter Hettinger!“

Versucht doch auch einmal, einen Drei- oder Vierpass (also eine Kleeblattform) selbst zu entwerfen und auszugestalten.

❒ Von der Konstruktion zum fertigen Glasbild

Hier zeigt euch Herr Hettinger anhand einer Abbildung, welche Arbeitsschritte erforderlich waren, um ein solches Glasbild herzustellen.

„Nachdem die mittelalterlichen Glaskünstler mithilfe einer Konstruktionszeichnung die Umrisslinien der Rosette erhalten hatten, fertigten sie nach diesem Muster das Original aus Glas. Dazu brachen sie entsprechende Stücke mit einem Kröseleisen aus den farbigen Gläsern heraus. Die anschließende Bemalung wurde bei ca. 600° C in Muffelöfen eingebrannt.
Dann wurden die Glasstücke zusammengesetzt und mit Bleistegen verlötet.
Besonders große Rosetten wurden durch Steinornamente (das Maßwerk) verziert und so gleichzeitig stabilisiert."

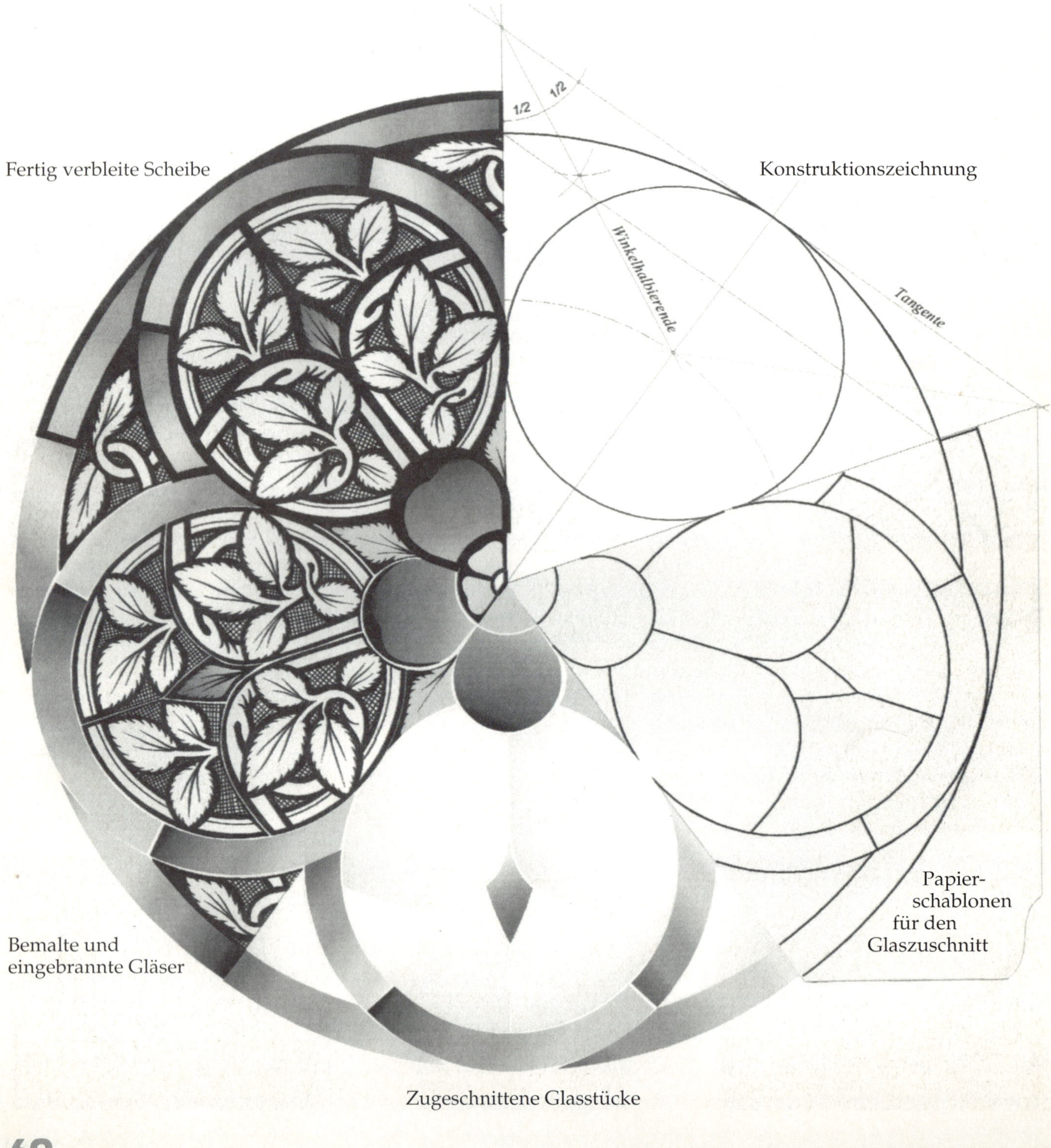

❐ Typisch gotisch?

„Erfunden" wurde der Begriff „Gotik" im 16. Jahrhundert. Ein italienischer Maler und Baumeister bezeichnete den in Frankreich entstandenen Baustil als „gotisch". Damit wollte er seine Verachtung und Geringschätzung zum Ausdruck bringen. Denn (West-)goten waren es, die dem Römischen Reich den Todesstoß versetzt hatten. In Italien galten sie daher als Barbaren.

Den Namen des italienischen Baumeisters, der über diesen „barbarischen", also seiner Meinung nach primitiven und geschmacklosen Baustil die Nase rümpfte, erfährst du, wenn du die Buchstaben der Bilder, die Innen- bzw. Außenansichten von gotischen Kirchen zeigen, hier notierst (Leserichtung von links nach rechts).

____ ____ ____ ____ ____ ____

P

V

B

A

S

H

L

E

A

K

R

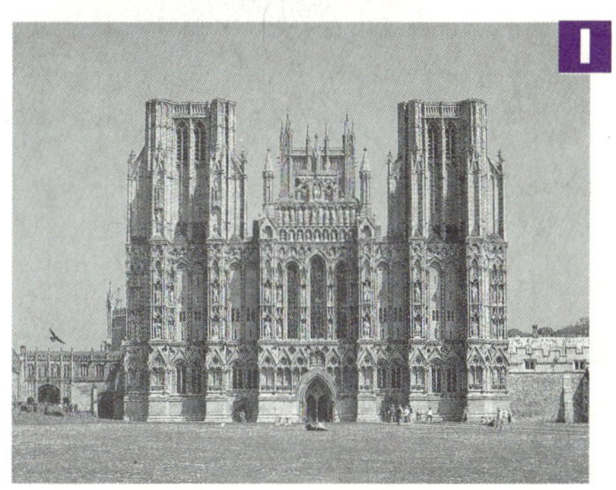
I

❒ Auf dem Jahrmarkt

Das neu erbaute Seitenschiff des Doms ist heute vom Bischof geweiht worden. Dieses Ereignis soll mit einer Kirchweihmesse, manche nennen sie einfach „Kirmes“, gefeiert werden. Von weit her kommen die Leute, denn wer will sich schon das Vergnügen eines Jahrmarktbesuches entgehen lassen?
Für das leibliche Wohl ist reichlich gesorgt. Magisch angezogen werden viele von dem Duft frisch gebackener Brezeln und brutzelnden Fleisches.
Bei den Wurstmachern finden leckere Pasteten reißenden Absatz. Gleich nebenan findet man gedünstetes Gemüse, warme Süßspeisen und allerlei Naschwerk, wie kandierte Früchte, Apfelküchlein, Leb-, Honig- und Mandelkuchen. Und verdursten muss hier auch niemand. An den Schankständen fließen Met, Wein, Apfelwein, Bier, Fruchtsäfte und Milch in Strömen.
Aber natürlich sind auch alle Handwerker der Stadt vertreten. Riemenschneider, Sattler, Schuhmacher, Glaser, Kerzenmacher; alle bieten ihre Waren lautstark zum Kauf an.
Dazwischen wimmelt es von Feuerschluckern, Gauklern, Akrobaten, Wahrsagern, Spielleuten, Teufelsaustreibern, Geldwechslern und Barbieren. Und dann die vielen Krämer, die ihre Waren in einem Karren oder Bauchladen feilbieten. Wer Gewürze, Weine oder Tierfelle sucht, hat hier eine große Auswahl.
Die Stände der reichen Kaufleute der Stadt sind aber am prächtigsten. Wer es sich erlauben kann, findet hier kostbare Stoffe aus fernen Ländern, Parfüme, Schmuck und vieles mehr.

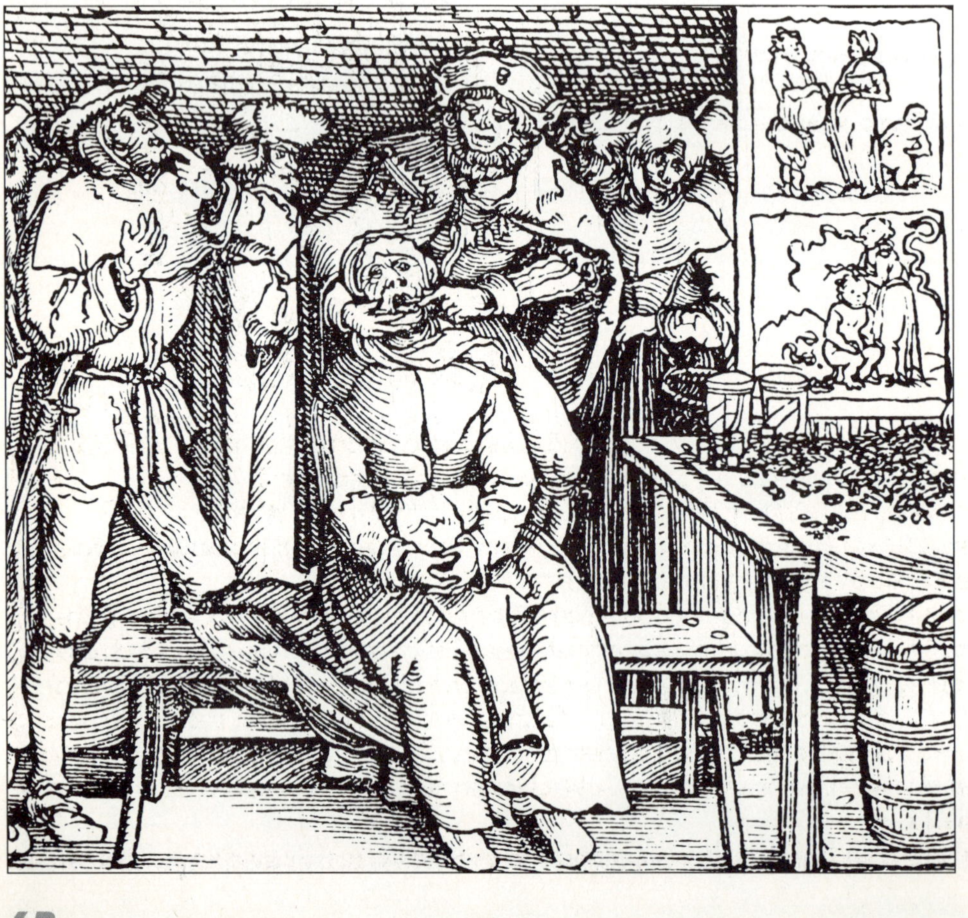

Plötzlich markerschütternde Schreie, das Volk läuft zusammen. Da kauert eine Frau auf einem Holzschemel vor dem Zelt des Zahnbrechers und hält sich mit beiden Händen das tränenüberströmte Gesicht. Der Zahnbrecher kümmert sich aber gar nicht um sein armes Opfer, sondern stolziert viel lie-

ber vor dem verschreckten Publikum umher und zeigt jedem den gelb-schwarzen Zahn, den er soeben mit seiner Furcht erregenden Zange entfernt hat. Aber schon lenkt ein Wunderheiler die Aufmerksamkeit auf sich. Seine Bühne hat er mit allerlei chirurgischen Werkzeugen und mehreren Doktordiplomen geschmückt. Ein „Hanswurst" lockt durch manch derbe Späße und Possen die Kundschaft an und rühmt die Kunst seines Meisters. Gerade eben schleift er einen Mann herbei, der auf der Bühne seine von einem Eitergeschwür befallene Schulter entblößen muss. Und schon ist der Quacksalber mit einer Tinktur zur Stelle.
Es ist unglaublich, was man auf so einer Kirchweihmesse alles erleben kann.
Was ist eigentlich da drüben beim Teufelsaustreiber los? ...

Na, habt ihr nicht Lust bekommen, selbst einmal ein mittelalterliches „Spectaculum" zu veranstalten, vielleicht im Rahmen eines Schulfestes oder einer Projektwoche? Entsprechend gewandet könnt ihr verschiedene mittelalterliche Techniken vorführen: Vom Filzen, Weben, Kerzenziehen und Töpfern bis zur Herstellung von Lederbeuteln, Blumenkränzen, spitzen Schleierhüten, kunstvoll gestalteten Glasbildern, Wappen und Initialen ist alles möglich.
Natürlich dürfen auch Stände mit selbst gemachten Leckereien nicht fehlen. Wer tritt als Gaukler, Possenreißer oder Wunderdoktor auf? Vielleicht habt ihr ja auch Lust, eine „Eulenspiegelposse" szenisch darzustellen. Mit Pauken und Trompeten wird dann der Markt eröffnet. Der „Stadtvogt" lässt sich zusammen mit dem „Bürgermeister" alle feilgebotenen Waren vorführen, prüft und kostet. Fällt alles zur Zufriedenheit aus, eröffnet der „Stadtvogt" feierlich den Markt mit einer kleinen Ansprache, die im nicht enden wollenden Jubel und „Handgeklapper" endet. Der Nachtwächter ruft am Schluss „die Stunde" aus und beschließt damit den Markttag.

Vor dem Marktgericht

Der Stadtbüttel Hannes erzählt:
„Was war das bloß heute für ein Tag? Zum Glück gibt's nicht an jedem Markttag so viel Arbeit für uns Stadtbüttel. Im Auftrag des Stadtrates haben wir uns nämlich um die Einhaltung des Marktfriedens zu kümmern. Als Symbol für Ruhe, Ordnung und Frieden hat der Stadtrat auf dem Marktplatz ein Marktkreuz errichtet, das jedem als Mahnung dienen soll. Aber was ist, wenn immer wieder einige gegen die Marktordnung verstoßen, wie zum Beispiel heute der Bäcker Gumprecht?
Wir Büttel kontrollieren nämlich auch die Maße und Gewichte der Händler und die Qualität der Waren. Und als wir am Marktstand von Gumprecht heute die Brote begutachteten, da stellte sich heraus: Gewogen und zu leicht befunden.
Sofort ab mit dem Kerl zum Marktrichter, der zusammen mit einem Schreiber seinen Platz in der Gerichtslaube am Rathaus hat. Der Richter machte kurzen Prozess mit dem Bäcker. ‚Für jedes Lot (16 g), das dein Brot leichter ist, als es die Marktordnung des Rates vorschreibt, wirst du einmal getaucht.' Und schon schnappten wir uns Gumprecht, setzten ihn in einen Korb, der an einem Seil befestigt war, und tauchten ihn dreimal in den stinkenden Fluss. ‚Bäckertaufe' nennen wir das.
Die halbe Stadt ist herbeigeströmt und hat den Bäcker verspottet und ausgelacht. Fast zu Tode geschämt hat er sich.
Kurz darauf kam ein ehrbarer Bürger zu uns und prangerte einen Handwerker an, der keine ordentliche Arbeit geleistet, also gepfuscht hatte. Auch diesen Fall haben wir überprüft und tatsächlich: Das beim Böttcher gekaufte Fass war undicht wie ein Sieb. Diesen Pfuscher hat der Marktrichter an den Pranger stellen lassen und verfügt, ihm dreimal drei Schläge mit der Rute zu verpassen. Als der Böttcher dann am Pranger stand, einem Holzpfahl mit Halseisen daran, den wir auch Schandpfahl nennen, wurde er verhöhnt und mit faulen Eiern beworfen. Das wird ihm eine Lehre sein.
Doch damit nicht genug. Kurz vor Marktschluss mussten sich dann auch noch drei zänkische Frauen in die Haare kriegen. Mit Reisigbesen haben sie aufeinander eingeschlagen. Wir hatten Mühe, sie zu trennen. Auch sie haben wir dann dem Marktgericht übergeben. Unter dem Gespött aller Leute mussten die drei anschließend ihre Besen dreimal um die Kirche tragen. Und wir Stadtbüttel haben es uns nicht nehmen lassen, ihnen würdevoll voranzuschreiten.
So, mir reicht es für heute. Ab nach Hause."

Du bist heute der Schreiber des Marktrichters.
Führe über alle verhängten Ehrenstrafen Protokoll.

❑ Spaß im Badezuber

Gerade eben ist der Markttag zu Ende gegangen. Die letzten Händler bauen noch ihre Stände ab und endlich ist Ruhe auf dem Marktplatz eingekehrt. Da dröhnen, wie aus heiterem Himmel, plötzlich Trommelschläge über den Platz und vor einem Haus sieht man einen Mann auf- und ablaufen, der laut schreit und trommelt. Kurz darauf eilen halb nackte, nur mit einem Hemd oder Laken bekleidete Männer und Frauen durch die Gassen. Alle rennen auf das Haus zu, in dem der Trommler soeben wieder verschwunden ist. Es ist das Badehaus der Stadt, das über seinem Eingang eine Badequaste im Schild führt.

Hier hat der Bader bereits die Badestuben beheizt und die hölzernen Badezuber mit heißem Wasser gefüllt. Bademägde streuen wohlriechende Kräuter hinein und stellen mit Salben gefüllte Tonkrüge und Glasbehälter mit verschiedenen duftenden Ölen bereit. Am Eingang wird geschubst und gedrängelt. Jeder will der Erste sein.
Diejenigen, die es geschafft haben, sitzen bald darauf in bester Laune, scherzend und lachend, in den Zubern. Einige genießen das Prickeln auf der Haut, wenn sie von den Bademägden mit den Badequasten eingeölt und dann massiert werden. Auch der Bader hat alle Hände voll zu tun. Er schneidet Haare und rasiert den Männern die Bärte.
Und schon bald schleppen die Bademägde Weinkannen und Teller mit großen Fleischportionen herbei. In ausgelassener Stimmung wird jetzt noch stundenlang gegessen, getrunken und auch weiter geplanscht. Spielleute tragen allerlei lustige Lieder vor und der Würfelbecher macht seine Runde.

Die fröhliche Gesellschaft bemerkt gar nicht, dass der Bader sich plötzlich eilig seinen Rock übergeworfen hat und verschwunden ist. Er hat die Nachricht erhalten, dass ein Mann von einem Pferdewagen angefahren worden ist. Er blutet und scheint den Arm gebrochen zu haben. Ja, auch Verletzungen aller Art behandelt der Bader.

Vergleiche den mittelalterlichen Badespaß mit der Badekultur der Römer und unseren heutigen Badegewohnheiten.
Schreibe darüber einen Artikel für die Zeitschrift „Lebendiges Mittelalter".

Die Würfelspiele hießen damals „Knobeln" oder „Knöcheln", weil die Würfel aus Knochen geschnitzt wurden. Obwohl von der Kirche als Teufelswerk verboten, waren Glücksspiele sehr beliebt. Das könnte doch auch einmal den Unterricht bereichern. In der nächsten Stunde zockt ihr wie in einem mittelalterlichen Badehaus. Egal ob „Meier", „Kniffel", „Lüge" ..., alle Spiele sind erlaubt. Aber Vorsicht! Ein mittelalterliches Sprichwort sagt: „Haut keinen dabei übers Ohr!"

❐ Schuhmacher: ein zünftiger Beruf

Schuhmachermeister Bertram erzählt:

„Mit meiner Frau führe ich hier in der Stadt eine eigene Werkstatt mit Verkaufsladen. Zusammen mit meinen Gesellen und Lehrlingen stelle ich die Schuhe, Stiefel und Schlappen her, die meine Frau unseren Kunden im Laden feilbietet.
Buchführung ist nicht meine Sache, auch das übernimmt meine Frau. Wir sind hier eine große Familie. Alle Gesellen und Lehrlinge leben mit uns unter einem Dach. Bruno heißt der Neue, den ich soeben aufgenommen habe.
Ich würde ja gerne noch mehr Gesellen einstellen und meine Werkstatt vergrößern. Die Zunft erlaubt es aber bisher nicht.
Ich gehöre nämlich der Zunft der Schuhmacher an. Darauf bin ich stolz. Ach, ihr wisst gar nicht, was eine Zunft ist?
Alle Handwerker, ob Goldschmied, Bäcker oder Schmied, gehören einer eigenen Zunft an. Die Zunft regelt unser Zusammenleben. Sie bestimmt, was sich ‚ziemt'.
Sie regelt genau, wie viele Gesellen und Lehrlinge jeder Meister beschäftigen darf. Geregelt sind auch die Arbeitszeit, die Löhne, die Ausbildung und die Prüfungen. Ja, selbst unsere Arbeitswerkzeuge werden unter die Lupe genommen. Manchmal ist das lästig, aber die Vorteile sind nicht zu verachten.
Was hat sich nicht schon für ein Pack in unserer Stadt ‚Schuhmacher' nennen wollen?
Vertrieben worden sind sie aus der Stadt mit Schimpf und Schande, denn nur die Zunftmitglieder dürfen hier ihren Beruf ausüben.
Klar, es passt mir nicht, dass die Zunft auch den Einkauf der Rohstoffe regelt und mir vorschreibt, was ich an Material bestellen darf. Ich möchte und könnte manchmal das ein oder andere Schnäppchen machen.
Aber ich will nicht aus der Zunft ausgeschlossen werden. Darum halte ich mich streng an die Regeln. Und ich sage mir auch: Nur so wird den Pfuschern das Handwerk gelegt. Ich bin hier nämlich für meine Qualitätsarbeit bekannt. In jede Sohle brenne ich mein ‚B' für Bertram ein. Das ist mein Markenzeichen. Qualitätsarbeit zu leisten ist mein oberstes Gebot.
Die Prüfung meiner Schuhe durch den ‚Schaumeister' unserer Zunft, der regelmäßig die Güte der Schuhe kontrolliert, fürchte ich nicht.
Diese Prüfung hat noch neulich meinen ärgsten Widersacher Kopf und Kragen gekostet. Er hatte den großen Auftrag für die Schuhe aller Ratsherren bekommen. Jedoch lösten sich die Nähte und das Leder riss. Der Schaumeister ließ alles einsammeln, verteilte anschließend die Schuhe an die Armen und schloss den Schuster aus der Zunft aus. Hals über Kopf ist dieser mit seiner Familie aus unserer Stadt verschwunden.
Ich bin stolz auf unsere Zunft und erst recht auf unser Zunftwappen und die Fahne, die das Zunfthaus ziert. Im Zunfthaus kommen wir nicht nur zur Beratung zusammen. Hier treffen wir uns auch, um so mach zünftiges Fest gemeinsam mit unseren Frauen zu feiern.
Natürlich haben wir auch ein Wörtchen mitzureden, wenn es um die Belange unserer Stadt geht. Vertreter unserer Zunft gehören nämlich dem Stadtrat an.
Die Schuhmacherzunft nimmt auch an allen Stadt- und Kirchenfesten teil. Wir haben erst vor kurzem für den Dom ein neues Kirchenfenster gestiftet. Es zeigt unseren Schutzpatron, den heiligen Crispinus.
Der Kirchgang bereitet mir seitdem noch mehr Freude.

Unsere Zunft kümmert sich aber auch in Notlagen um die einzelnen Mitglieder.
In Krankheits- und anderen Notfällen gewährt die Zunft der Familie Unterstützung. Im Todesfall kümmert sie sich um die Hinterbliebenen.
Eines möge mir aber erspart bleiben, nämlich die Verteidigung unserer Stadt. Jeden Tag bete ich zu Gott, dass es niemals dazu kommen möge, dass ich das Stück Stadtmauer verteidigen muss, das unserer Zunft zugeteilt worden ist."

1 Alle Aufgaben einer Zunft sowie die Rechte und Pflichten der Zunftmitglieder wurden in einer Zunftordnung festgehalten.
Werte die Erzählung des Schuhmachermeisters aus und schreibe entsprechende Zunftregeln auf.

2 Finde heraus, zu welchen Berufen die zwölf Zunftwappen gehören.

1 Zünfte und Zunftordnungen gibt es nicht mehr. Wir haben heute einen freien Wettbewerb nach dem Motto: „Konkurrenz belebt das Geschäft!"
Diskutiert über Vor- und Nachteile.

2 Informiert euch über heutige Zusammenschlüsse von Handwerkern, die Innungen, und tragt die Ergebnisse eurer Recherchen vor.

3 Markenzeichen: Welche Bedeutung haben sie heute?
Diskutiert darüber.

Es ist noch kein Meister vom Himmel gefallen

Der Schuhmachergeselle Bruno erzählt:

„Es ist mittlerweile vier Jahre her, als Vater mit Meister Bertram meinen Lehrvertrag abgeschlossen hat, und heute bin ich schon einer seiner geschicktesten Gesellen. Das sagt zumindest der Meister. Er muss es wissen, denn die gute Ausbildung seiner Lehrlinge und Gesellen hält er für seine ‚heilige Christenpflicht'. Er ist streng, aber gerecht und ich habe viel gelernt. Als der Meister mich in die Lehre nahm, war ich zwölf Jahre alt. Vater hat ihm damals eine stattliche Summe gezahlt; dann wurde ich aufgenommen.

Und zwar nicht einfach nur als Lehrling. Ich gehöre seitdem zur Familie. Und tatsächlich ist es hier auch fast wie zu Hause, wenn wir nach getaner Arbeit alle um den Tisch herumsitzen und aus der großen Schüssel unsere Suppe löffeln. Zuvor müssen wir aber erst einmal unser Tagewerk verrichten. Wir beginnen mit der Arbeit, sobald es hell wird, und schaffen bis zum Einbruch der Dunkelheit. Bei Kerzenlicht zu arbeiten ist wegen der Feuergefahr verboten. Auf den heutigen Abend freue ich mich schon besonders, denn heute ist für Konrad, einen unserer Lehrlinge, der große Tag. Er wird vom Zunftgericht durch das ‚Lossprechen' in den Gesellenstand erhoben. Abends wird der Neue dann von den alten Gesellen ‚geschliffen'. Ich kann mich noch genau erinnern, wie es bei mir selbst war. Viele derbe Späße haben sie damals mit mir getrieben. Man hat mich mit Bier übergossen, mir den Stuhl unter dem Hintern weggezogen und Ohrfeigen hat es gesetzt.

Morgens aber vor dem Zunftgericht musste ich zeigen, was ich gelernt hatte. Dann habe ich mit einem feierlichen Gelöbnis um Aufnahme in die Zunft gebeten: ‚Mit Gunst, ihr großgünstigen Beisitzer und Altknechte, ihr frommen Brüder jung und alt, ich will euch gebeten haben, dass ihr mich wollt in eure hochlöbliche Bruderschaft aufnehmen. Ich will das hochlöbliche Handwerk helfen zu stärken und mich dafür verhalten, wie es einem frommen Schusterknecht wohl ansteht, hier und anderswo.'

Wie lange ich dafür gebraucht habe, diese Gelöbnisformel auswendig zu lernen. Ich handwerke lieber!"

Beschreibe den Tag der Lossprechung aus der Sicht des Lehrjungen Konrad.

Ausbildung früher und heute:
Arbeitszeit, Lehrgeld, Ausbildungszeit, Prüfungen ... Erkundigt euch bei Azubis, Gesellen oder Lehrherren. Vielleicht könnt ihr einen Lehrvertrag mit in die Schule bringen.
Was ist gleich geblieben, was hat sich verändert?

❐ Heute machen wir blau

Heute begleiten wir Bruno zur Werkstatt von Jakob, dem Blaufärber. Meister Bertram hat hier Stoffe für Schusterschürzen blau einfärben lassen. Die soll der Geselle heute abholen. Schon als Bruno sich der Färberei nähert, hält er sich die Nase zu. Hier riecht es nicht, hier stinkt es. Er sucht den Eingang, biegt um eine Ecke und traut seinen Augen nicht. Drei betrunkene Männer stehen vor einem Holzbottich und ... ja, was machen denn die? Schamlos pinkeln sie in hohem Bogen vor seinen Augen in den Bottich und lassen sich durch ihn nicht stören. Völlig verdattert dreht sich Bruno um, eilt davon und läuft direkt Jakob in die Arme.

„Hallo Bruno, bleib und schau nicht so kraus. Das sind doch nur meine drei Gesellen bei der Arbeit. Komm mal mit rein, ich erkläre es dir. Meine Rezepte bekommst du zwar nicht, die sind geheim, aber die Färberei ist keine Hexerei.
Zunächst ernten wir die Blätter des Waids[1]. Meine Gesellen zerstampfen sie und trocknen sie an der Sonne. Viele Scheffel getrockneter Waidblätter kommen dann in einen großen Holzbottich, der mit einer Flüssigkeit aufgefüllt wird. Und genau damit sind meine Gesellen gerade beschäftigt. Ja, guck nicht schon wieder so! Wir brauchen Urin, um den Bottich zu füllen. Das Ganze steht dann etwa zwei Wochen in der Sonne, beginnt zu gären und der Farbstoff löst sich aus den Blättern.
In den ersten drei Tagen müssen meine Gesellen die faulenden Blätter in der Brühe wenden. Das machen sie, indem sie die Brühe mit bloßen Füßen aufmischen. Die Blätter müssen immer feucht gehalten werden. Ihre Hände brauchen sie, um sich die Nase zuzuhalten. Anschließend wird Salz hinzugegeben. Die nächsten acht Tage warten wir einfach ab. Nur morgens und abends wird die Brühe noch einmal umgerührt und wir füllen an Flüssigkeit das nach, was verdunstet ist. Wenn sich dann Schimmel auf der Brühe bildet, können wir die zu färbenden Stoffe und Garne einlegen. Einen Tag lang bleiben sie in der Brühe und müssen anschließend gespült werden. Womit? Natürlich wieder mit ..., ja genau, aber mit frischem. Aber dann sind die Stoffe noch keineswegs blau. Sie haben höchstens die grün-braune Matschfarbe der Brühe. Aber jetzt geschieht das Wunder.
Die blaue Farbe entsteht, während wir die Stoffe im Sonnenlicht trocknen. Dann brauchen die Gesellen nur noch durch die Reihen der aufgehängten Tücher zu gehen, um sie mit einem Stock auszuschlagen.
Noch etwas will ich dir verraten: Das Blau wird intensiver, wenn man der Brühe im Bottich Alkohol zugibt. Doch ich habe so meine Zweifel, ob die Gesellen den Alkohol direkt in die Brühe hineinschütten. Aber das geht schon in Ordnung, denn von irgendwas müssen sie ja auch pinkeln können.
Gut, die Arbeit ist nicht angenehm, denn hier stinkt es mächtig. Aber meine Leute arbeiten sich nicht den Hintern aus der Hose. Viel Freizeit und viel Pinkeln, sag ich immer.
Hier sind die Stoffe für deinen Meister. Grüß ihn schön und jetzt weißt du, dass hier alles mit rechten Dingen vor sich geht."
Bruno verabschiedet sich schleunigst von Jakob. Er will seine Nase nicht noch tiefer in die Färberwerkstatt stecken.

Blühende Waidpflanze

Jetzt kannst du dir bestimmt die folgenden Redensarten erklären:

„blaumachen",
„blau sein",
„ein blaues Wunder erleben".

Auf welche Weise färbte man im Mittelalter rote, gelbe oder graue Stoffe ein?
Findet es heraus und präsentiert eure Ergebnisse. Recherchiert z.B. im Internet.

[1] Waid = kerzengerade, bis zu 1,40 m hohe Staudenpflanze mit länglichen Blättern und vielen kleinen gelben Blüten

❐ Müller, Schuster & Co.

Viele Familiennamen haben ihren Ursprung im Mittelalter.
In einem Dorf reichte noch der Vorname aus. In den Städten aber gab es viele Jakobs, Bertrams, Katharinen und Marien.
Daher bürgerte es sich allmählich ein, sich einen zweiten Namen, einen Familiennamen zuzulegen, der häufig auf den Herkunftsort, eine körperliche Besonderheit, aber auch auf den Beruf hinwies. Also z.B. Hugo, der Schuhmacher, Schuster, Schmied oder Müller.
So heißen die Nachkommen noch heute: Schuhmacher, Schumacher, Schuster, Schmidt, Schmitt, Schmitz oder Müller, Möller, Miller.
Und die Vorfahren von Herrn Kaiser oder Frau König? Ob sie mächtige Herrscher waren? Wohl kaum. Im Mittelalter wurden von Laiendarstellern, z.B. auf Jahrmärkten, Volksschauspiele aufgeführt. Und so führte manchmal die Rolle, die der Einzelne dabei spielte, zum Familiennamen.
Übrigens: Die Adligen nannten sich einfach nach dem Stammsitz ihrer Vorfahren und hießen dann z.B. Heinrich von der Löwenburg. So hat sich das Wörtchen „von“ in den Adelstitel eingeschlichen.

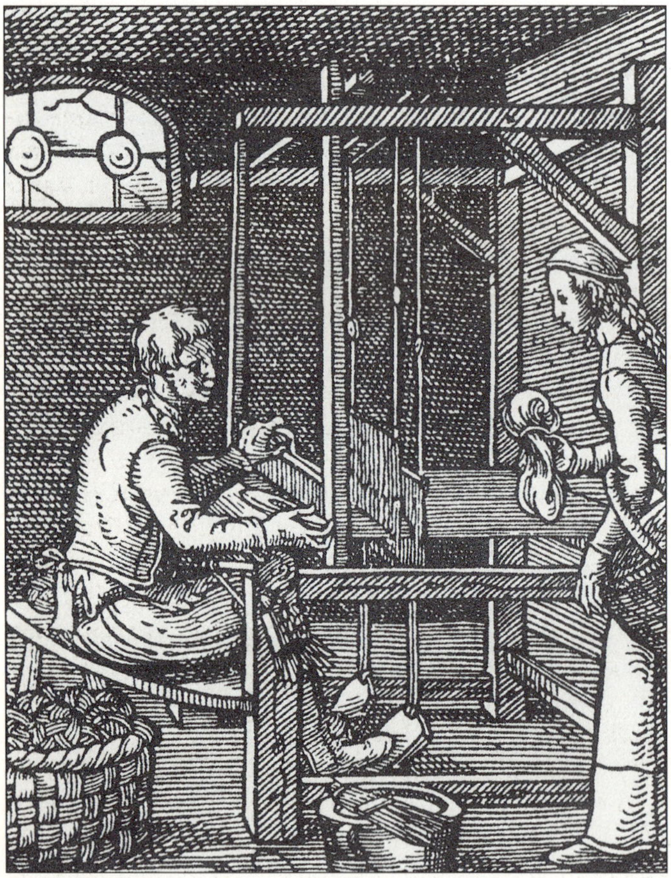

Einige Familiennamen kommen heute besonders häufig vor. Welche sind es wohl in eurer Stadt? Schreibt eure Vermutungen auf und überprüft sie mithilfe des Telefonbuches.
Wer hat gewonnen?

❒ „So stehe ich meinen Mann!"

Die Kauffrau Hedda erzählt:

„Ich beklage mich nicht über die viele Arbeit. Mir geht es gut. Als ich damals schon mit 15 Jahren die Frau des reichen Kaufmanns Niklas Ochsenfuß geworden bin, hatte ich allerdings keine Ahnung, was alles auf mich zukommen würde.

Als Fernhandelskaufmann ist Niklas oft unterwegs. Wegen der vielen Wegelagerer und Raubritter sind seine Reisen nicht ungefährlich. Ich bin froh, dass er schon lange der **‚Gilde'** angehört. Das ist ein Zusammenschluss vieler Kaufleute, die heilige Eide darauf geschworen haben, sich in Notfällen gegenseitig zu helfen. Mein Mann sagt immer, dass Einigkeit und Zusammenhalt stark machen und bisher hat er damit Recht behalten. Im Moment sind Niklas und andere Gildemitglieder mit zehn voll beladenen Planwagen auf dem Weg nach **Venedig**. Pelze aus Russland, Spielzeug aus Nürnberg und Lederwaren aus Leipzig haben die Venezianer bestellt. Von **Spießknechten** wird die wertvolle Ladung streng bewacht. Und zurück kommen Niklas und die anderen Kaufleute mit den bei uns so begehrten **Waren aus dem Orient**: Seidenstoffe, Damast aus Damaskus, Brokat, Goldfäden, Schmuck, Parfüm und allerlei Gewürze. Auch mit Pfeffer handelt mein Mann. Pfeffer ist eines der teuersten Gewürze. Nur in Venedig ist es zu bekommen. Ja, der Pfeffer hat uns reich gemacht. Sollen uns doch einige Neider hämisch **‚Pfeffersäcke'** nennen!

Bis zu seiner Rückkehr vertrete ich meinen Mann hier in unserer Schreibstube. Ich führe über alle Käufe und Verkäufe genau Buch und berechne sogar die Steuern, die wir an die Stadt zahlen müssen. Ja, Steuern, Zölle, die machen uns zu schaffen. Da gibt's den Torzoll, damit unsere Wagen das Stadttor passieren dürfen, und den Brückenzoll für die Flussüberquerungen. Und dann das **Stapelrecht**. Kommt mein Mann mit Waren durch eine große Stadt, wie z.B. Köln, dann heißt es erst mal ‚halt!' Alle seine Waren werden dann mehrere Tage lang in Stapelhäusern ausgelegt, um so den Bürgern der Stadt das **Vorkaufsrecht** einzuräumen. So wird mein Mann tagelang an der Weiterreise gehindert. Aber ich will nicht klagen! Wir haben unseren Kaufmannsstolz und trotz aller **Steuer- und Zollabgaben** einen guten Gewinn. Außerdem gehören wir zu den angesehensten Bürgern der Stadt. Und in einem der schönsten und größten Häuser direkt am Rathaus zu wohnen, war schon lange mein Traum.

Trotzdem hoffe ich in Zukunft auf Hilfe durch meinen Sohn. Nach und nach soll er in das Geschäft hineinwachsen und es einmal ganz übernehmen. Da werde ich mich aber wohl noch gedulden müssen, denn unser Filius besucht noch ein Jahr lang die Lateinschule hier in der Stadt."

1 Schreibe einen Lexikonartikel zum Stichwort: „Fernhandelskaufmann im Mittelalter". Berücksichtige dabei die hervorgehobenen Begriffe.

2 Ein wichtiger Zusammenschluss norddeutscher Kaufleute, aus dem sich ein Städtebund entwickelte, war die Hanse unter Führung der Stadt Lübeck.
Findet mehr über diese große Handelsgesellschaft heraus, über ihre Gründung, ihre Ziele, ihre Macht und ihren Niedergang.
Präsentiert eure Ergebnisse in Form eines Referates.

❒ „Das schönste Haus am Platz" – der ganze Stolz der Kaufmannsfamilie

Hedda ist stolz auf das schöne, große, aus Stein erbaute Haus direkt neben dem Rathaus, das sie zusammen mit ihrer Familie bewohnt. Freunden und guten Bekannten zeigt sie gern alles bis in den letzten Winkel. Ja, steinreich sind sie durch den Handel geworden.

„Kommt rein, kommt rein und der Letzte schließt bitte die Tür. Ja, nur zu, in unserer großen Diele ist genug Platz für alle. Die Tür hier rechts führt in unser großes Warenlager, das Heiligtum meines Mannes, das ohne Erlaubnis nicht betreten werden darf. Ich zeige euch lieber mal das Zimmer auf der gegenüberliegenden Seite, in dem ich die meiste Zeit verbringe. Ja, jetzt staunt ihr alle, was? Gebt ruhig zu, dass ihr gedacht habt, ich zeige euch die Küche. Das ist die andere Tür, nach hinten raus. Da befindet sich auch der Abtritt mit der Jauchegrube. In der Küche bin ich auch oft, aber das meiste erledigen meine Mägde. Hier aber sind wir in unserer Schreibstube. Immer, wenn mein Mann fort ist, dann ist das hier mein Reich. Rechnungen, Lieferungen, Bestellungen, Steuerkram, ihr glaubt gar nicht, wie viel hier geschrieben und gerechnet werden muss. Doch jetzt kommt mal mit nach oben, dann zeige ich euch unsere gute Stube und die Schlafkammern. Halt, ihr da vorne! Nicht noch eine Treppe höher. Dann landet ihr auf dem Speicher und in den Kammern unserer Knechte, Mägde, Lehrlinge und Gesellen. Kommt lieber mit in unsere Wohnstube. Wer in dieser Jahreszeit von draußen kommt, der freut sich über einen gemütlichen Platz auf der Ofenbank.

Sagt mal selbst: Macht nicht der Kachelofen dieses Zimmer zu etwas ganz Besonderem? Und die Wärme, die er abgibt, geht auch nicht so schnell wieder verloren, denn unser Zimmerer (daher leitet sich das Wort Zimmer ab) hat gute Arbeit geleistet. Das dicke Holz, mit dem er Wände, Decke und Fußboden verkleidet hat, speichert die Hitze und macht alles noch behaglicher.

Ja, ja, ich weiß schon, warum ihr mir gar nicht richtig zuhört. Ich sehe ja, dass ihr alle ganz gebannt auf unser Fenster starrt. Na, wenn es einmal Krach zwischen mir und meinem Mann gegeben hat, dann wegen dieses Fensters. Ja, ihr seht richtig, das Fenster hat Glasscheiben. Butzen nennt man die kleinen grünen Glasscheiben, die in Blei gefasst sind. Der verrückte Kerl hatte solche Fenster auf einer seiner Reisen gesehen und er war nicht davon abzubringen, so etwas auch hier einbauen zu lassen. Aber solche neumodischen Glasfenster sind sündhaft teuer, kann ich euch sagen. An dem Tag, als die Rechnung ins Haus kam, bin ich zu meinem Mann gestürmt und hab sie ihm um die Ohren gehauen. Ich habe ihn angebrüllt, wir seien ruiniert. Aber ihr kennt ja Niklas. Er hat mich in den Arm genommen, den Kopf geschüttelt und gesagt, es sei standesgemäß. Und dann hat er lachend seine neuesten Verkaufszahlen aus der Tasche gezogen."

Beschreibe das auf dieser Seite abgebildete Familienleben in der „guten Stube". Berücksichtige dabei die Informationen aus dem Text.
Ziehe Vergleiche zur heutigen Zeit.

❒ Wer nicht hören will, muss fühlen

Schulmeister Rodericus Manus erzählt:

„Hier in der Stadtschule habe ich das Sagen. Zur Unterstützung habe ich meinen ‚lupus' (lat. = Wolf). So nennen die Schüler den Aufpasser, den ich mir aus der Mitte der Schüler zu meinem Gehilfen bestimmt habe.
Auf ihn kann ich mich voll und ganz verlassen. Und wenn nicht, dann habe ich sogleich Ersatz, denn um diese Aufgabe reißen sich viele. Mein ‚lupus' hat darauf zu achten, dass sich die Schüler im Unterricht gebührlich benehmen und sich auch in den Pausen in lateinischer Sprache unterhalten.
Ich fordere Gehorsam und Fleiß. Das ist ganz im Sinne der Kaufmannsfamilien, die mir ihre Zöglinge anvertrauen. Neben Latein, um sich überall in Europa verständigen zu können, sind Lesen, Schreiben, Rechnen und Gesangsunterricht wichtig. Natürlich gehören auch das Verfassen von Urkunden und Verträgen und die Unterweisung in Buchführung dazu. Wie sollen sie denn den elterlichen Betrieb einmal weiterführen, wenn sie in diesen Dingen nicht geschult sind?
Die meisten meiner Schüler fügen sich ja auch willig meinem Unterricht. Aber ich sage nicht, dass alle die reinsten Musterknaben wären. Es gibt auch Frechdachse und Faulpelze. Alfons, der Sohn des Tuchhändlers, ist ein solches Früchtchen. Gestern in der Pause hat er die schlimmsten Schimpfwörter benutzt, hat die Zunge herausgestreckt und ist dann noch verspätet zum Unterricht gekommen. Als er endlich auftauchte, holte mir ‚lupus' die Rute, die ich recht lange auf Alfons' Podex tanzen ließ.
Als danach der Text eines neuen Liedes vorgetragen werden sollte, erwischte es den Nächsten. Paul hatte wieder einmal nicht gelernt und stotterte nur. Auch Faulheit und Dummheit müssen bestraft werden. Dafür gibt es in meinem Klassenraum eine Eselsmaske. Ihr könnt euch ja vorstellen, dass die ganze Klasse Paul verspottet und ausgelacht hat. ‚Asinus, asinus'! (lat. = Esel), haben sie immer wieder gerufen, als ‚lupus' ihm die Maske über den Kopf gezogen hatte und er so in der Ecke stehen musste. Hoffentlich war ihm das eine Lehre.
Unsere Schulzeiten: im Sommer von fünf Uhr morgens bis um vier Uhr nachmittags; im Winter eine Stunde später.
Schulfrei an Sonn- und Feiertagen? Ja, wo gibt es denn das?
Dann mache ich mich mit meinen Schülern auf, um bei Gottesdiensten, Hochzeiten und auf Beerdigungen Lieder vorzutragen, die wir vorher eingeübt haben."

Schulalltag im Mittelalter – Schulalltag heute.
Liste auf und vergleiche: Unterrichtsfächer, Verhalten des Lehrers, Verhalten der Schüler, Schulstrafen, Klassenräume ...

Tipp: Im Rahmen eines Schulfestes zum Thema Mittelalter könnt ihr Szenen aus einer mittelalterlichen Schule nachspielen.

Geschröpft und zur Ader gelassen

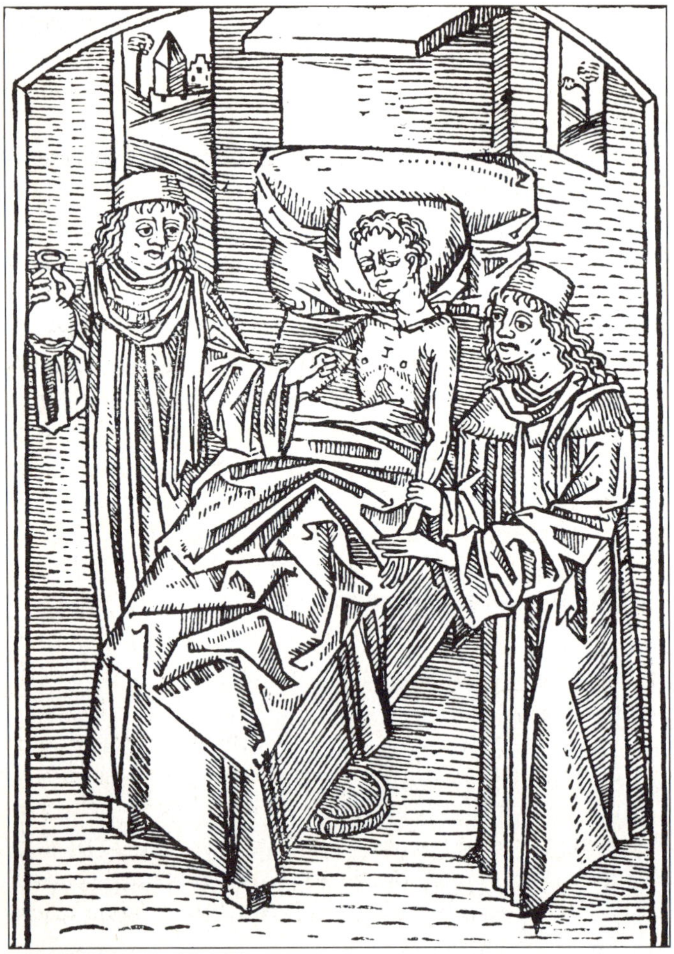

Die medizinische Heilkunst lag im Mittelalter zunächst in den Händen von Mönchen und Nonnen. Manche Klostergärten gelangten zur Berühmtheit. Die Klosterleute züchteten darin Heilkräuter, die auch heute noch verwendet werden. Erst mit den bevölkerungsreichen Städten entstand der Beruf des Arztes.
Im Jahre 1224 erließ Kaiser Friedrich II. für sein Geburtsland Italien ein Medizinalgesetz, in dem das Studium, die Prüfungen und auch die Bezahlung der Ärzte geregelt wurde. Er bestimmte auch, dass ein Arzt seine Arzneimittel nicht selbst verkaufen durfte. In Apotheken holten die Ärzte selbst die Medizin und überbrachten sie dann den Kranken.
Deutsche Männer und sogar auch Frauen ließen sich im Mittelalter vorwiegend in Italien und Frankreich zu Ärzten ausbilden. Das Studium dauerte acht Jahre und war in Grundstudium und medizinisches Fachstudium gegliedert. Man orientierte sich an den Schriften berühmter griechischer Ärzte, wie Hippokrates, und an Aufzeichnungen arabischer Ärzte. Die Anatomie des Menschen kannte man nur aus diesen Quellen, da die Kirche die Leichenöffnung verboten hatte. Höchstens an Kadavern von Tieren, vornehmlich an Schweinen, konnte „geforscht" werden. Nach der Ausbildung musste man acht Monate lang bei einem „gestandenen" Arzt die Praxis kennen lernen.
Die Doktorwürde wurde nach strengem Examen verliehen. Ausgestattet mit einem viereckigen Barett, einem Ring, dem Buch des Hippokrates und einem langen Talar war man schließlich „Medicus", ein Arzt für innere Krankheiten. Zu den Behandlungsmethoden der Ärzte gehörten vor allem das Pulsfühlen und die Harnbeschau. Billig war ein Arztbesuch damals nicht. Nur die Reichsten der Stadt konnten sich einen Arzt leisten.
Aber es gab ja auch noch die Bader. Sie waren zwar nicht hoch angesehen, verfügten aber über großes Wissen in der Wundheilkunst und der Chirurgie (griechisch: Handwerk). Sie behandelten Wunden, Knochenbrüche, Verrenkungen, Geschwüre, Hautleiden und andere Wehwehchen durch Salben, Pflaster und Wundtränke. Aderlässe und das Aufsetzen von Schröpfköpfen, um den Körper von Giftstoffen zu reinigen und Schmerzen zu vertreiben, gehörten ebenfalls zu ihren Aufgaben. Nach vierjähriger Lehrzeit legte der Badergeselle die Meisterprüfung ab. Sein Meisterstück konnte z.B. in der Herstellung einer besonderen Wundsalbe bestehen.

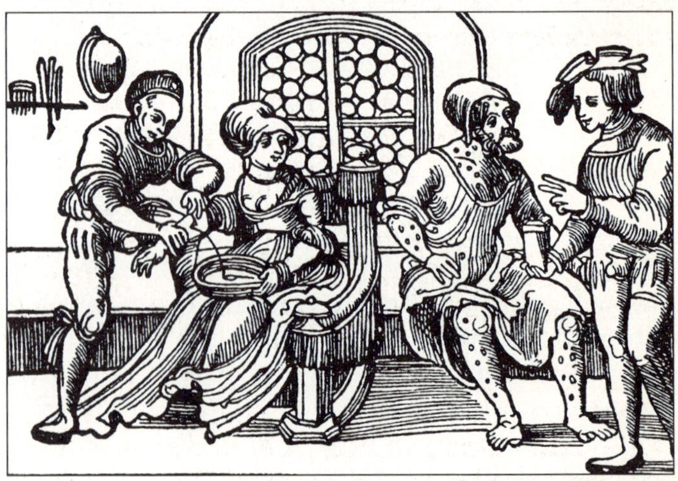

Als Lernerlebnis-Reporter/in hast du die einmalige Gelegenheit, einen mittelalterlichen Arzt oder Bader zu interviewen und ihn über seine Ausbildung und seine Behandlungsmethoden zu befragen.
Nehmt die Interviews auf oder lest sie mit verteilten Rollen vor.

❐ Ordnung muss sein!

Zunächst hatte der Stadtherr, also der Grundherr oder Bischof, das Sagen in den Städten. Nach und nach erlangten die Städte mehr Selbstständigkeit. Jetzt saßen die „Patrizier", die reichen Kaufleute, im Stadtrat und regierten unter Vorsitz eines von ihnen gewählten Bürgermeisters die Stadt. Seit dem 14. Jahrhundert forderten auch die Handwerker ein Mitspracherecht. Und so setzte sich im Spätmittelalter der Stadtrat zumeist aus Patriziern und Zunftmitgliedern zusammen. Der Rat verwaltete die Stadtkasse. Das heißt, er kassierte Zolleinnahmen, erhob Steuern und bestimmte, wozu diese Gelder verwendet werden sollten.
Zur Selbstverwaltung einer Stadt gehörte es auch, ein eigenes Stadtsiegel zu führen. Einige Städte durften sogar eigene Münzen prägen. Auch die Gerichtsbarkeit und die Verteidigung der Stadtmauern lagen nun in den Händen der Bürger.

Der Stadtrat Andreas Kardenbach erzählt:

„Um alles muss sich der Stadtrat kümmern! Da sind die auf dem Markt verwendeten Maße und Gewichte, die wir ständig von unseren Stadtbütteln kontrollieren lassen. Es geht aber auch um die Qualität der Waren. Ihr glaubt ja nicht, wie hier geschummelt wird. Auch Löhne und Preise setzen wir fest. Sonst gibt er nur Ärger und Streit.
Wenn ihr wüsstet, wie unvernünftig viele Bürger sind! Seht euch doch nur einmal die vielen Erker an. In manchen Gassen sieht man ja schon den Himmel nicht mehr. Und alle sind aus Holz! Ja, denkt denn keiner an die Brandgefahr? Wie oft ist unsere Stadt schon Opfer verheerender Brände geworden! Stroh- und Schindeldächer sind seit kurzem wegen der Brandgefahr verboten worden. Ja, ob ihr es glaubt oder nicht, selbst um die Kleidung der Bürger muss sich der Stadtrat kümmern.
Reiche Kaufmannsfrauen wollen die Edeldamen noch übertrumpfen und tragen Kleider aus kostbaren Stoffen, die mit Pelzen, Gold und Edelsteinen verziert sind. Mit ihren langen Schleppen bieten sie den Flöhen einen willkommenen Nistplatz.
Und seht euch nur an, wie aufgeputzt die Handwerkerfrauen herumstolzieren. Aber die Männer treiben es oft noch toller als die Frauen. Silberne Glöckchen tragen sie an ihrer Kleidung und an den Ärmeln hängen Stofflappen wie Eselsohren fast bis zur Erde. Und dann die Schnabelschuhe mit Spitzen, die so lang sind, dass man sie am Knie festbinden muss um damit überhaupt einen Fuß vor den anderen setzen zu können. Teufelswerk nenne ich das. Es erzeugt nur Neid und Missgunst. Also muss eine Kleiderordnung her, denn jeder sollte standesgemäß, also seinem Stand entsprechend, gekleidet sein.
Aber glaubt ja nicht, dass sich unsere Bürger nur wie die Fürsten kleiden wollen. Sie wollen auch wie Fürsten feiern. Erst neulich, bei der Hochzeit einer Bäckerstochter, wurde so viel aufgetischt, dass sich die Tische bogen und die Feier gar kein Ende nehmen wollte. Wer denkt bei einem solchen Lotterleben noch an sein Seelenheil?
Also wird der Rat auf seiner nächsten Sitzung eine Hochzeitsverordnung beschließen müssen."

Liste auf, was zu den Aufgaben eines mittelalterlichen Stadtrates gehörte.

Rathaus mit Halle (Holzschnitt von 1523)

Forschungsauftrag: „Unser Stadt-(Gemeinde)rat"
Welche Aufgaben hat der Stadtrat? Wie wird man Ratsmitglied? Wie heißt der Bürgermeister? Was gehört zu seinen Aufgaben? Wie wird man Bürgermeister?
Denkt euch selbst noch weitere Fragen aus.
Anschließend stellt ihr eine kleine Schülergruppe zusammen, die im Rathaus ein Mitglied des Rates oder sogar den Bürgermeister (bzw. seinen Stellvertreter) interviewt. Aber nicht einfach losrennen!
Tragt zunächst einmal – möglichst telefonisch – euer Anliegen vor und bittet um einen Termin. Fasst die Ergebnisse eurer Recherche zusammen und zieht Vergleiche zum Mittelalter.

❑ Gugel, Hennin, Swenzelin: die neuesten Modetrends

Die Kleidung im Mittelalter sollte „standesgemäß" sein. Schon an ihr sollte man erkennen, ob jemand zum Stand der Ritter, der Kaufleute, Handwerker oder Bauern gehörte.
Aber wer in der Stadt durch Handel oder Handwerk reich geworden war und es sich leisten konnte, der griff jeden neuen Modetrend – und war er auch noch so extravagant – gerne auf. Vorbild war häufig schon damals die französische Mode.
Hier einige Modellbeispiele aus dem 14. und 15. Jahrhundert.

> Präsentiere als mittelalterlicher Schneider bzw. mittelalterliche Schneiderin deine neuesten Modelle.
> Das kleine Modelexikon soll dir dabei helfen.

Die **Gugel:** (lat. cuculla = Kapuze) Kapuzenkragen mit langem Zipfel (reichte manchmal bis zum Po),
der **Hennin:** spitzer Hut mit langem Schleier (Modetrend aus Frankreich),
mi-parti: in zwei oder mehr Farben geteilte Kleidungsstücke (z.B. ein Hosenbein rot, das andere blau),
die **Schecke:** (Jackett) kurze, eng anliegende Jacke mit stark gepolsterter Schulter- und Brustpartie sowie geschlitzten Ärmeln,
Schnabelschuhe: Schuhe mit schnabelförmigen Spitzen, die mit Baumwolle ausgestopft wurden,
das **Surkot:** Kleid mit seitlichen Öffnungen, welche einen Blick auf das figurbetonte Unterkleid (die Kotte) gestatteten. „Höllenfenster" wurden sie daher genannt,
das **Swenzelin:** Schleppe,
die **Trippen:** Überschuhe mit zwei hohen Holzabsätzen, die vor dem Straßenschmutz schützen sollten,
die **Zaddeln:** aufgesetzte, blattförmige Stofflappen.

> **1** Mode in der heutigen Zeit: Was ist heute „in"?
> **2** „Standesgemäße" Kleidung: Gibt es die noch?
> Welche Bedeutung hat Kleidung für uns heute?
> Stellt eure Ergebnisse in Form eines Plakates zusammen.

❐ Von Kleider- und Hochzeitsordnungen

Im Mittelalter gab es, aus heutiger Zeit betrachtet, manch merkwürdige Vorschrift. Aber nicht alle der hier genannten hat es auch wirklich gegeben. Findest du die heraus, nach denen sich die Bürgerinnen und Bürger der jeweiligen Stadt tatsächlich zu richten hatten, dann ergeben die Leitbuchstaben einen Lösungssatz.

__ __ __ __ __ __ __   __ __ __ __ __ __   __ __ __ __ __

Ulm:	Bei Hochzeiten dürfen nur drei Spielleute zum Tanz aufspielen.	KLE
Worms:	Keine Frau darf mehr seidene oder bestickte Röcke besitzen, als ihr Mann Hosen hat.	EIL
Speyer:	Es soll keine Frau Gold, Silber, Edelsteine oder Perlen an ihren Mänteln, Röcken oder Hüten tragen.	IDE
Frankfurt:	Der Zipfel der Gugel darf nicht mit einem großen Bommel verziert sein.	EMI
Ulm:	Ein Hochzeitsmahl darf nicht mehr als drei Gänge haben und zu jedem Gang dürfen nicht mehr als sechs Schüsseln aufgetragen werden.	RMA
Regensburg:	An Sonn- und Feiertagen ist das Tragen von Kleidern mit „Höllenfenstern" verboten.	TKE
Nürnberg:	Bauern ist der Aufenthalt in der Stadt ohne Fußbekleidung untersagt.	ILE
München:	Eine Schleppe darf nur zwei Finger lang sein.	CHE
Speyer:	An den Ärmeln sollen die Stofflappen nicht länger als eine Elle herabhängen.	NLE
Köln:	Nach Einbruch der Dunkelheit dürfen keine Glöckchen mehr an der Kleidung getragen werden.	UNG
Speyer:	Kein Mann, der nicht Ritter ist, soll Federn am Hut tragen und seine Kleidung mit goldenen Borten oder Bändern schmücken.	UTE

❑ Auf die Folter gespannt

Was war geschehen?
Weinhändler Jonas ist bestohlen worden. Zwei Diebe waren nachts in seinen Weinkeller eingedrungen, hatten ordentlich gezecht und wollten gerade mit zwei Fässchen seines allerbesten Weines das Weite suchen, als er, vom Lärm geweckt, in den Keller stürzte.
Laut fluchend wollte er die Diebe festhalten, wurde jedoch von den Fliehenden zu Boden gerissen. Im selben Augenblick kam auch Hilda, seine Frau, in den Keller gerannt. „Zeter und mordio" schreiend verfolgte sie die Missetäter mit ihrem Nudelholz.
Da stürmten auch schon die Nachbarn mit Laternen aus ihren Häusern. Da die Diebe dank des süßen Weines ziemlich wackelig auf den Beinen waren, wäre es auch fast gelungen, sie dingfest zu machen. Im letzten Augenblick jedoch konnten sie entwischen und in den dunklen Gassen verschwinden. Immerhin hatte man dem einen Dieb den Mantel entreißen können. Auch einen seiner Schuhe, der im Straßenschmutz stecken geblieben war, stellten die Nachbarn des Weinhändlers sicher. Und was das Wichtigste war: Zwei Nachbarn hatten die Diebe erkannt. Es waren die Färbergesellen Ortwin und Erwin. Ortwin wurde von den Stadtbütteln noch in der Nacht in einer Spelunke aufgetrieben und in den Gefängnisturm gesteckt. Der Komplize blieb verschwunden.

Bereits am Morgen wird Ortwin dem Richter vorgeführt. Dieser wirft ihm vor, den Stadtfrieden gestört und die göttliche Ordnung, die auch den Schutz von Hab und Gut umfasst, missachtet zu haben. Der Richter macht ihm deutlich, dass er nur durch ein Geständnis und durch Reue dem Bösen abschwören und sein Seelenheil retten kann. Doch Ortwin leugnet die Tat. Er weiß, dass hier in der Stadt dem gemeinen Dieb der Galgen droht. Da schwer wiegende Verdachtsmomente vorliegen, nämlich die Aussagen zweier ehrenwerter Bürger und Beweisstücke – Schuh und Mantel –, ist es dem Richter erlaubt, die „peinliche Befragung" anzuordnen. So nennt man ein Verhör, bei dem dem Beschuldigten durch Folterwerkzeuge Schmerz („Pein") zugefügt wird.
Art und Dauer der Folter sind vom Richter genau festgelegt. Zwei Schöffen und der Gerichtsschreiber sind anwesend, als der Henker und seine Folterknechte mit der Tortur beginnen. Die Fragen und Antworten werden genau notiert. Zunächst schweigt Ortwin noch, doch als die Qualen zu groß werden, schreit er sein Geständnis heraus. Jetzt kann der Prozess beginnen.
Der flüchtige Komplize wird geächtet und für vogelfrei erklärt. Das heißt, dass er sich ab jetzt von den Menschen fernhalten und wie ein Tier im Wald leben muss. Er darf von jedem getötet werden.

Welche Folterinstrumente gab es im Mittelalter und wie wurden sie eingesetzt? Findet es heraus.
Tipp für die Internet-Recherche: die Homepage des Mittelalterlichen Kriminalmuseums in Rothenburg ob der Tauber (vgl. S. 84).

Welche Grundrechte des Menschen werden nach unserer heutigen Auffassung durch Foltermethoden und Todesstrafen verletzt? Schlagt im Grundgesetz nach. Ihr findet es z.B. im Internet.

❐ Vor dem Blutgericht

Lies den folgenden Text aufmerksam durch. Schneide dann die Bilder (Kopie!) zum Text auf der nächsten Seite aus und bringe sie in die richtige Reihenfolge. Die Buchstaben neben den Bildern ergeben den Namen der Stadt, wo der hier beschriebene Prozess stattfand.

So geschehen in __ __ __ __ __ __ __ __ bei Würzburg im Jahre des Herrn 1504.

Am Morgen des „Rechtstages“:
Von Stadtknechten wird der als Weindieb beschuldigte Ortwin aus dem Gefängnisturm herausgeführt. Allen voran geht der bestohlene Weinhändler Jonas, der ihn lauthals des Diebstahls bezichtigt. Begleitet werden sie von johlenden Bürgern, die den Dieb beschimpfen und drohend mit ihren Spießen und Hellebarden[1] fuchteln.
Vor dem Haus des Weinhändlers wird Ortwin schließlich in einen großen Holzklotz, Stock genannt, eingespannt und bekommt seine Henkersmahlzeit. Zum zweiten Mal „beschreit“ ihn der Weinhändler als Dieb. Immer mehr Bürgerinnen und Bürger laufen herbei, um den Gefangenen zu verhöhnen und zu verspotten.
Auf dem Marktplatz ist bereits die „Marktschranne“, eine Bühne aus Holz, errichtet worden. Hier wird das Gericht tagen.
Zwölf Schöffen haben soeben unter Führung des Richters das Rathaus verlassen. Umringt von Schaulustigen betreten sie die Marktschranne. Der Richter, zu erkennen am Richterstab und dem Richtschwert, fragt zunächst die Schöffen, ob alles „rechtens“ sei, ob er der rechte Richter sei und ob Ort und Zeit richtig gewählt seien. Als die Schöffen die Rechtmäßigkeit des Gerichtes bestätigt haben, ist der Rechtstag eröffnet und Richter und Schöffen nehmen auf den Bänken innerhalb der Gerichtsschranken Platz. Auf Geheiß des Richters legt der Gerichtsschreiber die Beweisstücke vor und verliest das Protokoll der „peinlichen Befragung“. Dann erfolgt der Ruf: „Wer zu klagen hat, der möge anfangen bei der Zeit.“ Der Weinhändler bittet nun als Verkläger um Gehör. Doch da vor Gericht nur in festgelegten Formeln geredet werden darf, bekommt er aus den Reihen der Schöffen einen „Fürsprech“. Der „Fürsprech“ trägt dem Gericht nun die Klage des Weinhändlers vor. Und er fragt, ob der Verkläger den Dieb nun vor Gericht bringen dürfe, damit er seine gerechte Strafe bekomme.
Der Verklagte, also der Weindieb, wird jetzt vom Verkläger vorgeführt und zum dritten Mal von ihm als Dieb „beschrien“.
Als der Richter den Verklagten fragt, ob er sich schuldig bekenne, gesteht dieser erneut die Tat. Auch hier ist es der „Fürsprech“, der dem Gericht in wohlgesetzten Worten das Geständnis des Verklagten übermittelt.
Der Gerichtsschreiber hat alles notiert, stellt sich nun mitten auf den Marktplatz, um Klage und Geständnis allen Bürgern der Stadt kundzugeben.
Der Richter fragt nun die Schöffen, wie man „den armen Sünder strafen soll, damit er das nimmer tue“. Die Schöffen antworten: „Man soll ihn hängen oder schleifen zwischen Himmel und Erde in der Luft an den lichten Galgen, dass er das nimmer tue.“ Der Richter bricht den Stab und wirft die Stücke auf den Boden. Das Todesurteil ist gefällt.
Auf einen Karren gebunden, wird der Verurteilte jetzt zur Hinrichtungsstätte gebracht. Begleitet wird er von weinenden Familienangehörigen und einer johlenden Menschenmenge. Auf dem Galgenberg erwartet ihn bereits der Henker. Als geständiger Sünder hat Ortwin das Recht, vor seiner Hinrichtung bei einem Priester die Beichte abzulegen und mit ihm für sein Seelenheil zu beten.

[1] Hellebarde = eine Hieb- und Stichwaffe im Mittelalter

H

C

L

O

K

A

V

❒ Bodo, der Henker

„Man nennt mich Scharfrichter oder Henker. Ich werde gefürchtet und gemieden. Tauche ich mit meinem Richtschwert in den Gassen der Stadt auf, dann weichen die Leute zurück. Keiner will in meiner Nähe sein. Mein Beruf gilt als ‚unehrlich' und es heißt, dass derjenige, der mit mir in Berührung kommt, es auch ist. Meine ganze Familie ist von allem Gemeinschaftsleben in der Stadt ausgeschlossen. Draußen, außerhalb der Stadtmauern, steht das so genannte Stöckerhäuschen, in dem wir wohnen. Wie ich überhaupt an eine Frau gekommen bin? Meine Marie war zum Tode verurteilt. Aber mir steht das Recht zu, eine Frau zu begnadigen, wenn sie zur Heirat mit mir bereit ist. Die meisten wählen zwar dann lieber den Galgenstrick, als die Frau des Henkers zu werden, doch ich hatte Glück. Mein Sohn, der bei mir das Handwerk erlernt, wird bald die gleichen Probleme haben und meine Tochter hat es auch nicht einfach. Ihr bleibt nur die Möglichkeit, den Sohn des Henkers aus einer Nachbarstadt zu heiraten. Als Henker ist man oft verdammt einsam. Auch im Wirtshaus muss ich, abseits von allen anderen, auf einem dreibeinigen Schemel am Henkerstischchen hocken. Meinen Trunk füllt der Wirt in einen Krug ohne Deckel, aus dem sonst niemand trinkt. Zum Bezahlen lege ich meine Münzen direkt beim Eingang ab. Nicht einmal ein Krämer nimmt sie direkt aus meiner Hand. Und dieser Wirt hier bläst zur Sicherheit immer einmal über das Geld, bevor er es einstreicht. Aber so sehr man mich auch bei Tag meidet, im Schutze der Dunkelheit schleicht so mancher ehrbare Bürger heimlich an die Hintertür meines Hauses. Meist werden Heilkräuter und Salben gegen Fieber und andere Krankheiten verlangt. Besonders beliebt ist die Alraune, eine Wurzel, die auch Galgenmännchen genannt wird. Sie hat beinahe die Gestalt eines Menschen und ist besonders wirksam, wenn sie direkt unter dem Galgen wächst. Man braucht mich aber auch als Knocheneinrenker oder um bei Knochenbrüchen Schienen anzulegen. Ja, wer kennt sich mit dem Körper des Menschen besser aus als ich? „Helfen, Maul halten und kassieren!", lautet mein Motto, besonders dann, wenn es sich um ausgefallene Wünsche handelt. Neulich noch hatte ich zwei dieser Fälle. Einer verlangte die abgeschnittene Fingerkuppe eines Gehängten, damit seine Kuh,

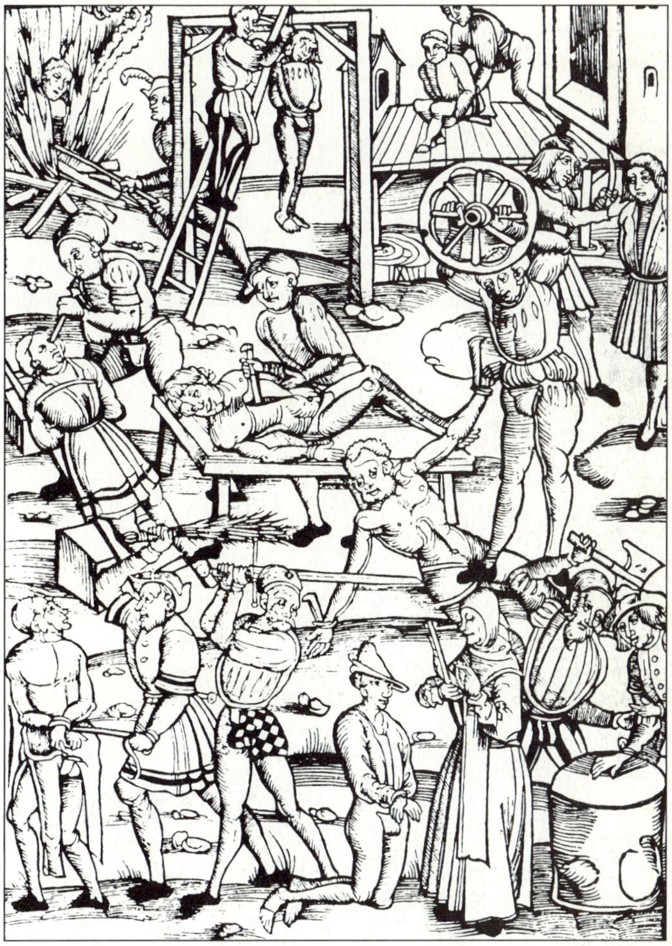

Strafen im Mittelalter (Holzschnitt von 1508)

die angeblich durch den bösen Blick der Nachbarin verhext worden war, wieder mehr Milch gab. Ein anderer wollte eine abgeschnittene Diebeshand, um sie unter der Futterkrippe in seinem Stall zu vergraben. Das soll die Pferde gesund halten.

Und ich verdiene nicht schlecht. Von der Stadt bekomme ich einen festen Wochenlohn von 65 Pfennig. Für meine speziellen Dienste werde ich extra entlohnt. Was immer der Richter für eine Strafe festsetzt, mir ist's recht. Einschlitzen eines Ohres bei kleinen Diebstählen: 20 Pfennig. Erhängen oder Enthaupten: 60 Pfennig. Das Abhacken einer Diebeshand: 70 Pfennig. Zungeausreißen bei einem Gotteslästerer oder Verräter: 90 Pfennig. Damit verdiene ich mehr als jeder Baumeister oder Schulmeister. Aber wer will deswegen schon mit mir tauschen?"

Gott sei Dank, den Henker gibt es heutzutage in unserem Rechtsstaat nicht mehr. Aber das Spiel „Galgenmännchen" hat sich bis in die heutigen Tage erhalten. Spielt es zu zweit oder mit der ganzen Klasse. Benutzt beim Spielen nur Begriffe aus dem vorstehenden Text. Wenn ihr das Spiel nicht kennt, dann schlagt einfach im Lösungsteil nach.

❒ „Jemandem Daumenschrauben anlegen“ und andere Redensarten

Viele Redensarten, die wir heute verwenden, haben ihren Ursprung im Mittelalter. Du erhältst sieben bekannte Redewendungen, wenn du richtig zusammenfügst, was hier durcheinander geraten ist:

anfassen, anhängen, Auf den, ausgefressen, die Ohren, Ein, Etwas, Etwas auf dem, geben, haben, haben, heißes Eisen, hinter, Hund, Jemandem einen, Jemandem etwas, Kerbholz, kommen, Korb, schreiben, Sich etwas.

Die Texte unten helfen dir dabei. Sie verraten dir auch, welche ursprüngliche Bedeutung diese Redensarten haben. Ordne den Texten die passenden Redewendungen zu und erkläre deren heutige Bedeutung.

Kinder, die Obst von den Bäumen stahlen oder in Weinberge stiegen und von den Trauben naschten, wurden in einen Korb gesetzt und mehrmals in den Brunnen am Marktplatz getaucht.

Männer oder Frauen, die Streit angefangen hatten, die über andere schlecht geredet oder gelogen hatten (Schandmäuler), bekamen Schandsteine umgehängt, die sie durch die Straßen der Stadt schleppen mussten. Dabei wurden sie verspottet und mit faulem Obst beworfen.

Als es noch keine Rechnungen gab, wurden Lieferungen oder auch Schulden durch Kerben auf einem Holzstab vermerkt.

Konnte oder wollte einer seine Schulden nicht bezahlen, wurden fremde „Fresser“ zwangsweise bei ihm einquartiert, die so lange all seine Vorräte aufaßen, bis er die Schulden bezahlte oder Haus und Hof verließ.

Beim Abschluss von Verträgen oder bei der Festsetzung von Grenzsteinen zog man Jungen als Zeugen hinzu. Man kniff sie ins Ohr oder zog ihnen die Ohren lang und gab ihnen Ohrfeigen, damit sie sich auch bestimmt an diese gewichtige Handlung erinnern sollten.

Adlige Raufbolde, die sich in der Stadt rüpelhaft verhalten hatten, mussten – zum Gespött aller – einen Hund oder ein Schwein auf den Schultern durch die Straßen tragen.

Das Gottesurteil der Eisenprobe sollte zeigen, ob der Beschuldigte schuldig oder unschuldig war. Konnte er ein glühendes Eisen eine Zeit lang in der Hand tragen, galt er als unschuldig.

❐ „Jemandem Daumenschrauben anlegen" und andere Redensarten

Viele Redensarten, die wir heute verwenden, haben ihren Ursprung im Mittelalter. Du erhältst sieben bekannte Redewendungen, wenn du richtig zusammenfügst, was hier durcheinander geraten ist:

anfassen, anhängen, Auf den, ausgefressen, die Ohren, Ein, Etwas, Etwas auf dem, geben, haben, haben, heißes Eisen, hinter, Hund, Jemandem einen, Jemandem etwas, Kerbholz, kommen, Korb, schreiben, Sich etwas.

Die Texte unten helfen dir dabei. Sie verraten dir auch, welche ursprüngliche Bedeutung diese Redensarten haben. Ordne den Texten die passenden Redewendungen zu und erkläre deren heutige Bedeutung.

Kinder, die Obst von den Bäumen stahlen oder in Weinberge stiegen und von den Trauben naschten, wurden in einen Korb gesetzt und mehrmals in den Brunnen am Marktplatz getaucht.

Männer oder Frauen, die Streit angefangen hatten, die über andere schlecht geredet oder gelogen hatten (Schandmäuler), bekamen Schandsteine umgehängt, die sie durch die Straßen der Stadt schleppen mussten. Dabei wurden sie verspottet und mit faulem Obst beworfen.

Als es noch keine Rechnungen gab, wurden Lieferungen oder auch Schulden durch Kerben auf einem Holzstab vermerkt.

Konnte oder wollte einer seine Schulden nicht bezahlen, wurden fremde „Fresser" zwangsweise bei ihm einquartiert, die so lange all seine Vorräte aufaßen, bis er die Schulden bezahlte oder Haus und Hof verließ.

Beim Abschluss von Verträgen oder bei der Festsetzung von Grenzsteinen zog man Jungen als Zeugen hinzu. Man kniff sie ins Ohr oder zog ihnen die Ohren lang und gab ihnen Ohrfeigen, damit sie sich auch bestimmt an diese gewichtige Handlung erinnern sollten.

Adlige Raufbolde, die sich in der Stadt rüpelhaft verhalten hatten, mussten – zum Gespött aller – einen Hund oder ein Schwein auf den Schultern durch die Straßen tragen.

Das Gottesurteil der Eisenprobe sollte zeigen, ob der Beschuldigte schuldig oder unschuldig war. Konnte er ein glühendes Eisen eine Zeit lang in der Hand tragen, galt er als unschuldig.

❐ Museen, Burgen und Klöster stellen sich vor

Wir wollen euch jetzt zwei Museen, eine Burg und ein Kloster vorstellen, die euch viele spannende Abenteuer durch Aktionsangebote, Ausstellungen oder Führungen zum Thema Mittelalter bieten. Hier könnt ihr euch auf eine Zeitreise begeben und das Mittelalter hautnah erleben.
Geht aber auch selbst auf Entdeckungsreise und macht weitere interessante Orte ausfindig, an denen das Mittelalter „lebendig" wird. Stellt dann eure „Mittelalter-Favoriten" mit Bildern und Infotexten vor.

STIFTSBIBLIOTHEK ST. GALLEN

Postfach, CH 9004 St. Gallen
Tel.: 0041 - 71 - 2273416, Fax: 0041 - 71 - 2273418
Internet: www.stibi.ch, E-Mail: stibi@stibi.ch

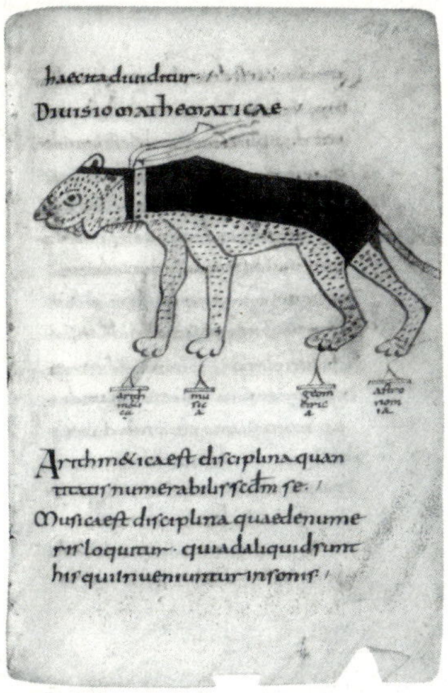

Öffnungszeiten bitte per Band erfragen:
Tel.: 0041 - 71 - 2773415

Eine Bibliothek zum Betreten und Staunen.

Diesen Büchern wurde es bestimmt noch nie langweilig!
Seit 1300 Jahren werden sie besucht:
Früher waren es die Mönche des Klosters von St. Gallen, die selber auch Bücher geschrieben und mit tollen Bildern verziert haben.
Heute kommen Besucher aus der ganzen Welt, um den barocken Bibliothekssaal mit seinen 150.000 Bänden zu besichtigen.
Er wurde um 1750 erbaut und mit Malereien, Stuckaturen und Holzeinlegearbeiten (Intarsien) geschmückt.

Ausgestellt werden abwechslungsweise einige der wertvollen Handschriften und Wiegendrucke mit farbigen Bildern, mit prunkvollen Bucheinbänden aus Leder oder auch aus Elfenbein.

Aber auch die Besucher werden beobachtet:
Kleine Putten stehen keck zwischen den Büchern und zeigen Werkzeuge und wissenschaftliche Instrumente, die damals benutzt wurden.
Für Gruppen werden nach Absprache altersgemäße Führungen angeboten.

WELTERBE WARTBURG

Denkmal deutscher Geschichte und Kultur
Wartburg Stiftung – auf der Wartburg, 99817 Eisenach
Tel.: 03691-2500, Fax: 03691-203342
Internet: www.wartburg-eisenach.de
E-Mail: Info@wartburg-eisenach.de

Öffnungszeiten: März bis Oktober: 8.30 bis 17.00 Uhr
November bis Februar: 9.00 bis 15.30 Uhr
Spezielle Angebote für Kindergruppen und Schulklassen

Hoch über der Stadt Eisenach steht auf einem steilen Felsen in 441 Meter Höhe die Wartburg.

Die Sage berichtet, dass Graf Ludwig im Jahr 1067 beim Anblick des Berges ausgerufen haben soll: „Wart' Berg, du sollst meine Burg werden!" So soll der Name der Burg entstanden sein.

Geschichtliche Ereignisse und die Namen berühmter Persönlichkeiten sind mit der Wartburg verknüpft. Hier haben Walther von der Vogelweide und Wolfram von Eschenbach ihre Dichtungen vorgetragen; auch der berühmte „Sängerkrieg" soll hier stattgefunden haben.

Die heilige Elisabeth lebte auf der Wartburg und der Reformator Martin Luther hielt sich hier zehn Monate lang verborgen. In der Lutherstube der Wartburg entstand die Übersetzung des neuen Testaments aus dem Griechischen ins Deutsche.

Viele Jahre lang war die Burg dann fast in Vergessenheit geraten, bis sie im 19. Jahrhundert wieder aufgebaut wurde. Heute ist die Wartburg Ziel für Besucher aus der ganzen Welt, die sich den romanischen Palas, die Kunstsammlungen im Museum und die Lutherstube ansehen möchten.

MITTELALTERLICHES KRIMINALMUSEUM ROTHENBURG OB DER TAUBER

Tel.: 09861-5359, Fax: 09861-8258
Internet: www.kriminalmuseum.rothenburg.de

Geöffnet: April bis Oktober: 9.30 bis 18 Uhr
November, Januar und Februar: 14 bis 16 Uhr
Dezember und März: 10 bis 16 Uhr

In der ehemaligen Johanniter-Komturei, erbaut 1396, befindet sich das bedeutendste Rechtskundemuseum im europäischen Raum.

Auf sechs Ebenen (2500 qm Ausstellungsfläche) werden Rechtsaltertümer, Instrumente der Folter und des Strafvollzuges, kostbare Bücher, Grafiken, Urkunden, Wappen, Siegel, Handwerksrecht, Wappen- und Adelsbriefe, Zunft- und Kleiderordnungen, Maße und Gewichte, rechtsgeschichtliche Medaillen, Karikaturen über Justiz und vieles andere mehr aus den vergangenen tausend Jahren gezeigt.

Seit 1977 ist die Darstellung der Hexenprozesse ein besonderer Schwerpunkt.
Das Kriminalmuseum zu Rothenburg ob der Tauber ist ein Museum, das in sehr anschaulicher Weise Einblicke in die Lebens- und Rechtsverhältnisse vergangener Zeiten gibt.

Die Häuser und Mauern der Stadt Rothenburg zeigen dem Besucher den Lebensraum unserer Vorfahren. Sie sagen aber wenig über die rechtlichen Verhältnisse aus, unter denen die Bevölkerung damals lebte.

Das **Mittelalterliche Kriminalmuseum** gibt Antwort auf die sich hierzu aufdrängenden Fragen.

MUSEUMSDORF DÜPPEL

Clauertstr. 11, 14163 Berlin (Zehlendorf)
Tel.: 030-8026671
Internet: www.dueppel.de

Öffnungszeiten und sachkundige Führungen:
April bis Oktober an Sonn- und Feiertagen von 10 bis 17 Uhr
und an Donnerstagen von 15 bis 19 Uhr

Sonderführungen für Gruppen und Schulklassen außerhalb dieser Zeiten bitte mit der Geschäftsstelle unter oben angegebener Telefonnummer vereinbaren.

Zufällig wurden um 1940 in Berlin-Zehlendorf, im Ortsteil Düppel, mittelalterliche Siedlungsreste gefunden. Bei späteren Grabungen fand man 1968 die Spuren eines Dorfes, das um 1200 bestanden hat.

Heute steht wieder ein Teil des Dorfes exakt auf den ergrabenen alten Grundrissen. Die Arbeiten werden unter wissenschaftlicher Aufsicht mit den Techniken durchgeführt, die aus dem Mittelalter bekannt sind.

Nach Durchquerung eines kleinen Waldes gerät die Lichtung mit der Dorfanlage in Sicht. An den Feldern vorbei, die nach dem Prinzip der „Dreifelderwirtschaft" bebaut werden, kommt man zur Palisade. Sie ist der Rest einer Zollstation, die dort vor dem Entstehen des Dorfes war. Nach dem Durchschreiten des Tores kann man den Wehrgang besteigen. Der Blick über den weitläufigen Dorfplatz an den Häusern vorbei, bis hin zu den Bäumen am Machnower Krummen Fenn, zeigt die Ausdehnung der Siedlung.

Nach dem Betreten der Häuser mit den Reetdächern kann die Handmühle betätigt werden. Durch Wollezupfen, das Verspinnen mit der Holzspindel und die Arbeit am Gewichtswebstuhl wird die mittelalterliche Hausarbeit nachvollzogen.

Der Blick in das eingerichtete Wohnhaus mit der Herdstelle zeigt das einfache Leben der Bauern. Ochsen, Schafe und Schweine unterstützen das Bild vom „lebendigen Mittelalter".

Lösungsteil

Lösung zu S. 7

Die Begriffe sind in der folgenden Reihenfolge in den Text einzusetzen:
Scheibe, Ozean, Sonne, Jerusalem, Mittelmeer, Süden, Paradies, Tod, Gegenfüßler, Regen, Bäume.

Lösung zu S. 10

So sind die zehn Begriffe im Buchstabenrechteck versteckt:

					F	R	Ö	M	M	I	G	K	E	I	T
A		D				L									
R			E	G	E	M	E	I	N	S	C	H	A	F	T
B		A	R	M	U	T		I		R	E	G	E	L	N
E					U				ß						
I		G	E	B	E	T	E								
T								G	E	H	O	R	S	A	M
		B	E	S	C	H	E	I	D	E	N	H	E	I	T

Lösung zu S. 12

Folgende Lösungswörter müssen nacheinander eingetragen werden:

NOVIZEN, SCRIPTORIUM, KUKULLA, REFEKTORIUM, BENEDIKT, KOMPLET, KREUZGANG, ABT, GEHORSAM, DORMITORIUM, KAPITELSAAL.

Die Lebensregel der Mönche lautet (lateinisch): „Ora et labora“.
Auf Deutsch übersetzt bedeutet dies: „Bete und arbeite“.

Lösung zu S. 15

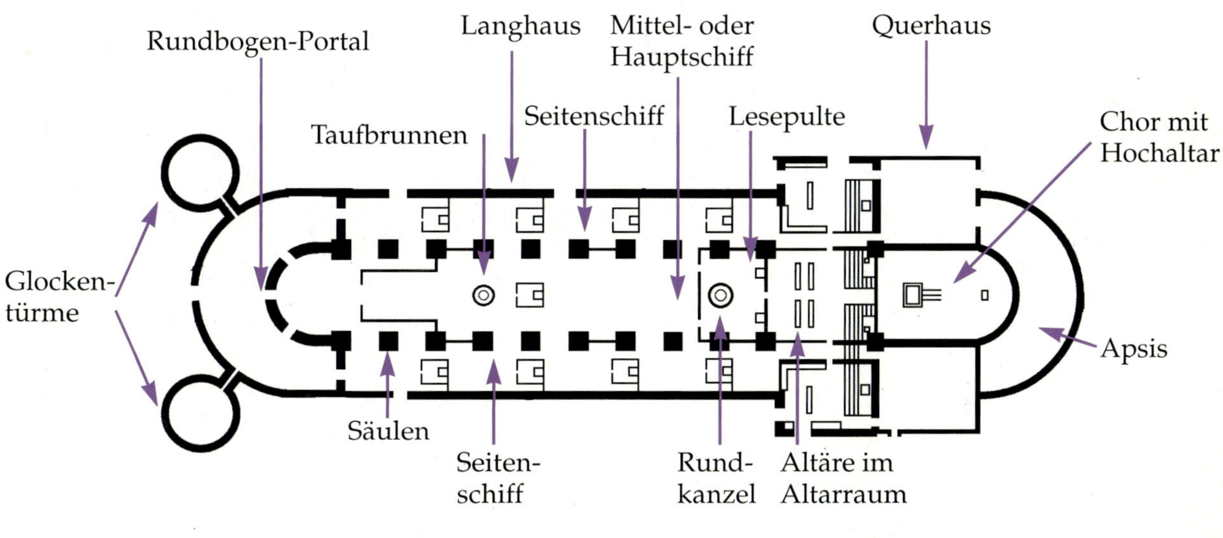

Lösung zu S. 16/17

Das Lösungswort lautet: PFEFFERKORN.

Lösung zu S. 18

Hier siehst du eine vereinfachte Form gotischer Schrift- und Zahlzeichen:

abcdefghijklmnopqrſstuvwxyzʒ

ABCDEFGHJKLMNOPQRSTUVWXYZ

1234567890

Lösung zu S. 19

Die Übersetzung des Textes ist in der Bibel nachzulesen. Es handelt sich um den Anfang des Gleichnisses von den Arbeitern im Weinberg (Matthäus 20, 1 ff.):
„Denn mit dem Himmelreich ist es wie mit einem Weinbergbesitzer, der früh am Morgen ausging, um Arbeiter für seinen Weinberg anzuwerben. Und als er mit den Arbeitern um einen Silbergroschen als Tagelohn einig geworden war, sandte er sie in seinen Weinberg ..."

Lösung zu S. 21

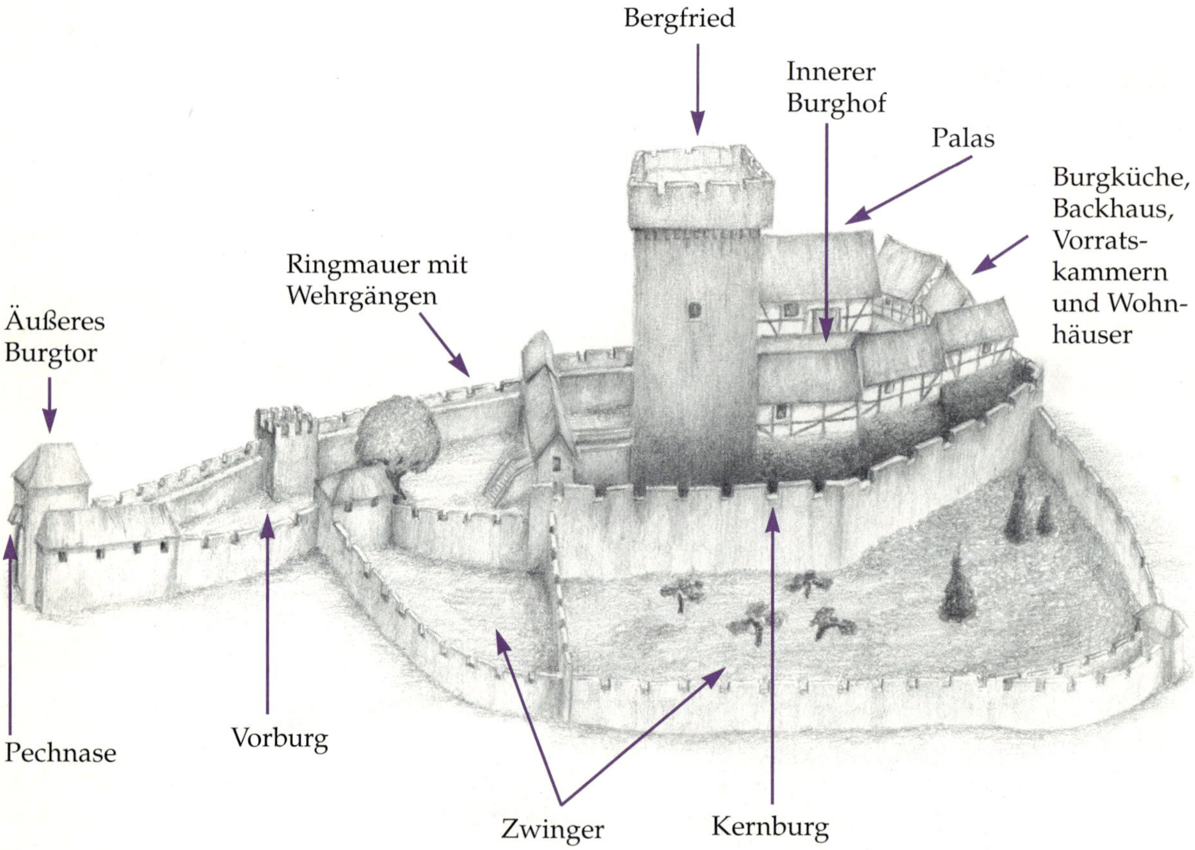

Lösung zu S. 23

Die eingekreisten Felder nennen dir (von links nach rechts gelesen) als Ausflugtipp die MARKSBURG. Du findest sie bei Braubach in der Nähe von Koblenz.

		B	B	Z		G								W		Z
K	R	A	E	U	T	E	R	G	A	R	T	E	N	E		W
E		C	R	G		S	I			I				H	A	I
M		K	G	B		I	N			T				R	N	N
E		H	F	R		N	G			T				G	G	G
N		A	R	U		D	M		P	E	C	H	N	A	S	E
A		U	I	E		E	A			R				N	T	R
T		S	E	C		H	U			S				G	L	
E			D	K		A	E			A					O	
				E		U	R		P	A	L	A	S		C	
V	E	R	L	I	E	S				L					H	
B	U	R	G	H	O	F		B	U	R	G	T	O	R		
H	E	Y	M	L	I	C	H	G	E	M	A	C	H			

Lösung zu S. 25

Als „îsengewant“ wird die gesamte Rüstung bezeichnet. Das „wams“ ist auf dem Bild nicht zu sehen, da es als Untergewand getragen wurde. Die Lanzenfahne sowie der „harnasch“ sind nicht abgebildet.

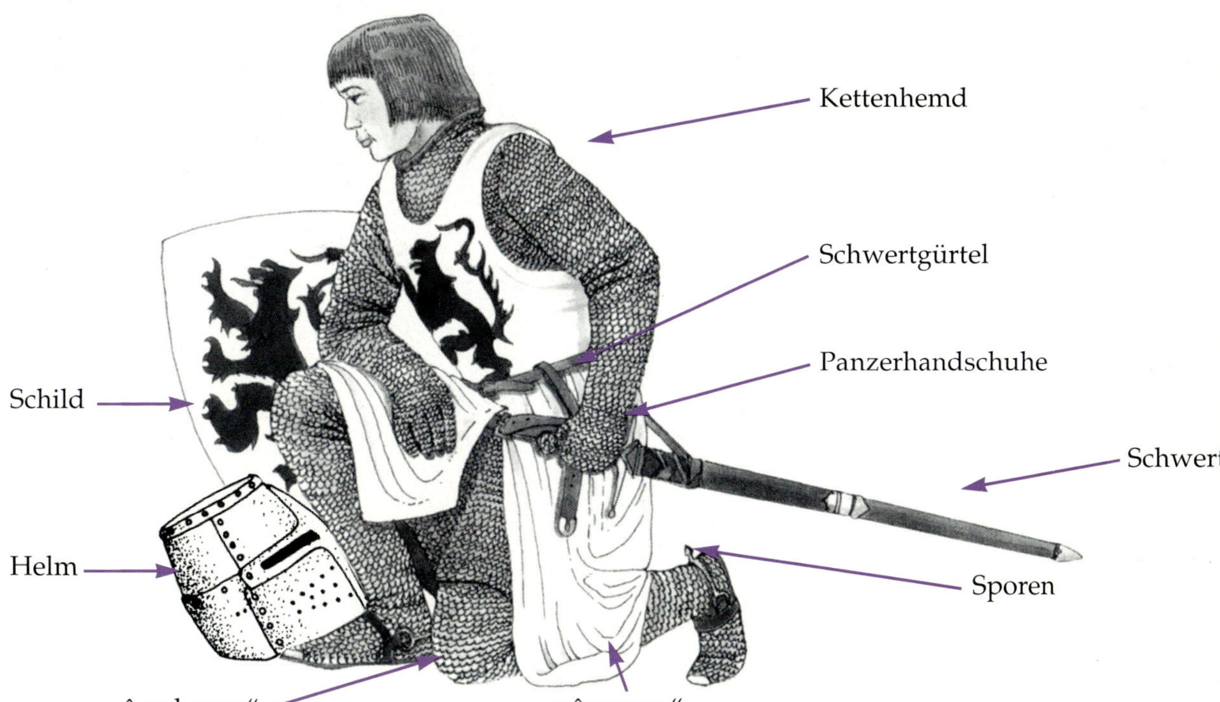

Lösung zu S. 26/27

Bekleide den Ritter in folgenden Schritten:
1. „wams" (Seite 27, links unten)
2. „îsenhosen", Kettenhemd, „harnasch" usw. (Seite 27, rechts)
3. „wâpenroc" (Seite 26, Mitte)
4. Schild (Seite 27, links oben)
5. Lanzenfahne (Seite 26, links)

Lösung zu S. 34

Die zehn Adjektive im Buchstabenrechteck lauten:
besonnen, demütig, ehrenhaft, fromm, großzügig, hilfsbereit, höflich, mutig, tapfer, treu.

Das Lösungswort heißt: EHRENKODEX.

Lösung zu S. 36

Die Nomen müssen in folgender Reihenfolge in den Text eingesetzt werden:

Spektakel, Platz, Burgherr, Edelfräulein, Tischdame, Sitzordnung, Saalwachen, Kerzenleuchter, Leinentuch, Becher, Mundschenken, Truchsess, Gewürze, Messer, Dame, Semmeln, Reichtum, Rang, Hofnarren, Ruhm, Großzügigkeit, Handgeklapper, Tafel, Brote, Tanz, Bande, Gunst.

Diese Nomen bleiben übrig:
Fackeln, Party, Polizisten, Schwert, Sparsamkeit.

Anmerkung zu S. 39

Als Musik eignet sich: Wünnespil-CD „Argentea", Track 1a: „Tempus transit gelidum" und Track 3: „Sinc an, guldîn huon".
Bezugsquelle: Verlag der Spielleute, Langlosenweg 14, 64385 Reichelsheim
Tel.: 06164 – 912083, Fax: 06164 – 912084
www.spielleute.de
oder direkt bei Knud Seckel (kseckel@web.de)
Tel.: 0173 – 4442345

Lösung zu S. 40

Folgende Nomen müssen gegeneinander ausgetauscht werden:

Lanze – *Festwiese*
Helm – *Turnierplatz*
Würstchen – *Schranken*
Heldentaten – *Zelte*
Ritter – *Verkaufsstände*
Ehren – *Brezeln*
Damen – *Jongleure*
Gunst – *Hoffnung*
Versprechen – *Band*
Ringlein – *Fräulein*

Die Redensart heißt: (Jemanden) IN DIE SCHRANKEN WEISEN.

Lösung zu S. 42

Bei richtiger Ordnung der Textabschnitte ergibt sich als Höhepunkt des Turniers der Begriff: BUHURT.

Lösung zu S. 43

Setzt du die Puzzleteile richtig zusammen, so ergibt sich dieses Bild:

Lösung zu S. 44

Folgende Begriffe haben die Plätze getauscht:

Falken – *Hasen*
Falkenjagd – *Beute*
Enten – *Jagdhunde*
Mittelalter – *Zwinger*
Handschuh – *Glöckchen*
Falkner – *Jäger*
Haube – *„Belle"*
Burgherrn – *Wildes*

Lösung zu S. 47

Es folgen die erste Strophe sowie in der rechten Spalte die Übersetzung in heutiges Deutsch. Wenn dir das Knobeln am Orginaltext Spaß macht, dann kannst du auch die Übersetzung abdecken.

Ich saz ûf eime steine
und dahte bein mit beine,
dar ûf satzt ich den ellenbogen;
ich hete in mîne hant gesmogen
daz kinne und ein mîn wange.
dô dâhte ich mir vil ange,
wie man zer welte solte leben.
deheinen rât kond ich gegeben,
wie man driu dinc erwurbe,
der keines niht verdurbe.
diu zwei sint êre und varnde guot,
daz dicke ein ander schaden tuot.
daz dritte ist gotes hulde,
der zweier übergulde.
die wolte ich gerne in einen schrîn:
jâ leider desn mac niht gesîn,
daz guot und weltlich êre
und gotes hulde mêre
zesamene in ein herze komen.
stîg unde wege sint in benomen;
untriuwe ist in der sâze,
gewalt vert ûf der strâze,
fride unde reht sint sêre wunt.
diu driu enhabent geleites niht,
diu zwei enwerden ê gesunt.

Ich saß auf einem Stein, /hatte Bein über Bein geschlagen, /den Ellbogen drauf gestützt, /in die Hand schmiegte ich /Kinn und Wange. /Mit allen Gedanken fragte ich mich, /wie man auf der Welt leben sollte. /Ich wusste keinen Rat, /wie man drei Dinge gewinnen kann /und keins verlieren und verderben. /Zwei sind Ehre und Güter der Welt, /die beide sich oft befeinden, /das Dritte ist Gottes Gnade, /in ihrem Goldglanz beide überstrahlend. /Gern hätte ich sie alle in einem Gefäß. /Doch ach, es kann nicht sein, /dass weltliche Güter und Ehre /und dazu Gottes Gnade /in einem Herzen sich finden. /Stege und Wege sind ihnen verstellt, /Verrat liegt im Hinterhalt, /auf den Straßen herrscht die Gewalt, /Friede und Recht sind auf den Tod verwundet. /Bevor die zwei genesen sind, /gibt es für die drei nicht Schutz noch Sicherheit.

(Joerg Schaefer: Walther von der Vogelweide: Werke, 2. unveränderte Auflage, Wissenschaftliche Buchgesellschaft, Darmstadt 1987, S. 222 ff.)

Im Wettstreit der Sänger ging es darum, den ruhmreichsten und besten Fürsten zu preisen. Dass das kein anderer als Landgraf Hermann sein konnte, war klar. So überboten sich die Sänger mit Lobeshymnen auf Hermann. Die Stimmung war bestens. Dann folgte der Auftritt des Heinrich von Ofterdingen. Er soll aber nicht die glorreichen Taten des Landgrafen besungen, sondern seinen eigenen Fürsten, den Herzog von Österreich, in den höchsten Tönen gelobt haben. Ein Skandal! Der friedliche Sängerstreit endete im Tumult mit Pfiffen und anderen Missfallensbekundungen. Hermann sprang wutentbrannt auf und rief die Saalwache. Die schnappte sich den „fahrenden Sänger" und brachte ihn von der Bühne ins Burgverlies.
Heinrich von Ofterdingen wurde zunächst vom Gericht zum Tode verurteilt.
Die Schmach, die er dem Landgrafen Hermann bei seinem Auftritt angetan hatte, ließ dem Landgrafen keine andere Entscheidung. Allerdings kam es nicht zur Vollstreckung des Urteils. Der „fahrende Sänger" hatte in der Landgräfin eine Verbündete. Sie erwirkte Gnade vor dem Gericht. Schon damals gab es Menschen, die das Recht der freien Meinungsäußerung verteidigten.
Auch der Landgraf sah schließlich die getroffene „Gnadene" als einen weisen Beschluss an. Die Förderung der Musik- und Dichtkunst war schließlich mit Todesurteilen an den Künstlern nicht zu vereinbaren.
Seine Stärke, aber auch seine Milde und Nachgiebigkeit wurden fortan von den Sängern überall verkündet.

Lösung zu S. 48

Die Buchstaben hinter den wahren Begebenheiten ergeben den Namen:

ULRICH VON LICHTENSTEIN.

Lösung zu S. 50

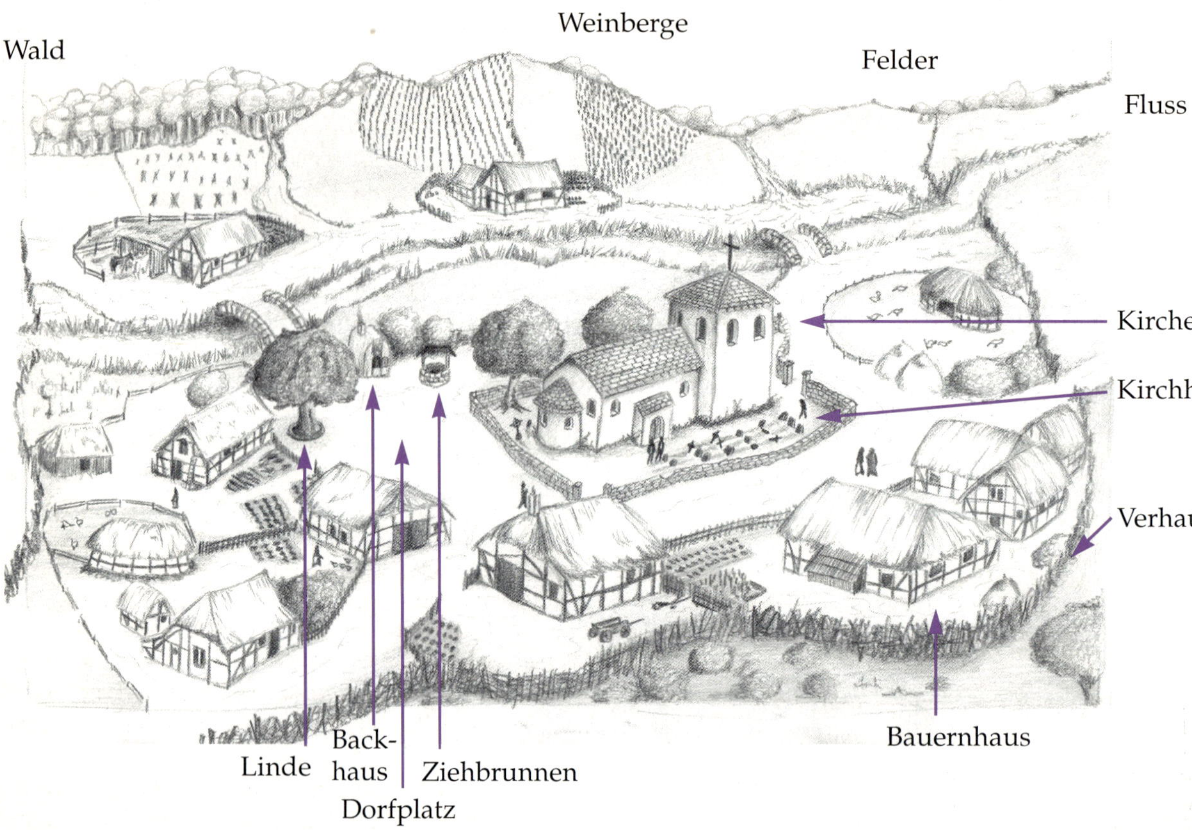

Lösung zu S. 51

Die Nomen sind in der folgenden Reihenfolge in den Text einzusetzen:

Fenster, Baumstämmen, Wände, Feuerstelle, Hahnenschrei, Strohsäcke, Gemüseeintopf, Töpfen, Fleisch, Bänken, Holzlöffel, Brot.

Die Tätigkeiten der Bauersfrauen sind: SPINNEN und WEBEN.

Lösung zu S. 52

Die Kleidung der Männer und Jungen:
Zunächst umwickelte man den Unterleib mit einem Tuch, dem so genannten Bruoch, einer Art Unterhose. Dann folgte ein kurzes Kittelhemd aus Leinen. Darüber wurde bei kälterem Wetter ein zweites aus Wolle gezogen.
Auf dem Kopf trug man einen Hut aus Filz.

Die Kleidung der Frauen und Mädchen:
Auf der Haut trug man ein langes Hemdkleid aus Leinen, das man Kutte nannte. Darüber zog man im Winter ein zweites wollenes Kleid.

Als verheiratete Frau musste man, mit Ausnahme bei der Feldarbeit, das Haar mit einem Kopftuch verhüllen.

Das trugen alle:
Die Beine umhüllte man mit Fuß- und Wadenwickeln. An den Füßen trug man Schuhe, die oft aus Stroh, Filz oder Holz gefertigt waren. Oder man ging barfuß.
Bei der Arbeit auf dem Feld schützte der Strohhut den Kopf vor der Sonne. In der kalten Jahreszeit trug man einen Kapuzenumhang aus dickem Wollstoff oder Filz um Kopf und Schultern.

Filzanleitung:
Diese Materialien braucht ihr zum Filzen:
Gekämmte Wolle, eine Schüssel mit möglichst warmem Wasser und darin aufgelöster Kernseife.
Bei schönem Wetter filzt ihr am besten draußen.
Ihr breitet die Wolle auf einer stabilen, leicht geneigten Unterlage aus und übergießt sie mit dem vorbereiteten Seifenwasser (Umwelttipp: das Seifenwasser auffangen, wieder erwärmen und erneut verwenden!). Reibt das Seifenwasser dann sanft mit den Händen in die Wolle ein und streicht

alles immer wieder glatt. Das Übergießen und Einreiben wiederholt ihr so oft, bis die Wolle richtig verfilzt ist. Jetzt könnt ihr, wie die Kinder im Mittelalter, den Filz zu Bällen formen oder zu dünnen Filzwürsten drehen (z.B. für Armbändchen). Aber immer wieder in das Seifenwasser tauchen!
Wollt ihr große Filzstücke herstellen, müsst ihr den Filz gut auswringen und ihn auf einem alten Waschbrett oder auf einer Küchenspüle mit einem Nudelholz auswalken, damit er sich schön verdichtet.
Zum Schluss alles mit klarem Wasser gut ausspülen!

Lösung zu S. 55/56

Folgende Schlüsselbegriffe können in der Erzählung über Annas ersten Stadtbesuch gefunden werden:

STADTMAUER, STADTTOR, GALGEN, MARKTPLATZ, BRUNNEN, KIRCHE, RATHAUS, KAUFMANNSHÄUSER.

Der Italiener Giovanni Boccaccio (1313–1375) schildert in der Einleitung zu seiner Novellensammlung „Das Dekameron" die Seuche:

„Es entstanden bei ihrem Beginne an den Leisten und unter den Achseln Geschwülste, die zum Teile die Größe eines gewöhnlichen Apfels, zum Teile die eines Eies erreichten und vom Volke Pestbeulen genannt wurden. Diese todbringenden Beulen breiteten sich über den ganzen Körper aus. Und dann begann sich das Bild der besagten Krankheit in schwarze oder blauschwarze Flecken zu verändern. Zur Heilung dieser Krankheit schien weder der Rat eines Arztes oder irgendeine Arznei etwas zu vermögen oder von Vorteil zu sein; ob es nun die Natur der Seuche nicht zuließ oder ob die Ärzte in ihrer Unwissenheit nicht erkannten, woher sie rührte, und folglich nicht die richtigen Mittel anwandten, jedenfalls genasen nur wenige, während schier alle binnen drei Tagen von dem Auftreten der oben erwähnten Zeichen, der eine rascher, der andere langsamer und die meisten ohne irgendein Fieber, starben. Und die Pest war noch schrecklicher dadurch, dass sie von denen, die daran erkrankt waren, auf die Gesunden übergriff. Nicht nur das Sprechen oder der Umgang mit den Kranken teilte den Gesunden die Krankheit oder den Keim des gemeinsamen Todes mit, sondern es stellte sich auch heraus, dass schon die Berührung der Kleider oder eines anderen Gegenstandes, den die Kranken berührt oder gebraucht hatten, den Berührenden mit dieser Krankheit ansteckte und binnen ganz kurzer Zeit tötete. Davon habe ich eines Tages mit meinen eigenen Augen folgendes Beispiel gesehen: Man hatte die Lumpen eines armen Mannes, der an der Krankheit verstorben war, auf die offene Straße geworfen und zwei Schweine, die dazukamen, machten sich zuerst mit dem Rüssel und dann mit den Zähnen darüber und wühlten darin herum; und kaum eine Stunde später fielen sie beide, als ob sie Gift bekommen hätten, nach einigen Zuckungen tot auf die Lumpen hin, die sie zu ihrem Unheil zerzaust hatten.
Und so mieden die Leute die Kranken, soweit sie nur konnten. Viele sagten, gegen die Pest gebe es keine bessere Arznei als die Flucht, und von diesem Grundsatze geleitet verließen Männer wie auch Frauen die Vaterstadt, ihre Häuser und auch ihre Verwandten. Jämmerlich ging es bei den Zurückbleibenden zu. Sie erkrankten täglich zu Tausenden; und da sie nicht gepflegt wurden, starben sie fast alle rettungslos dahin. Und nicht wenige, die bei Tag oder bei Nacht auf der Straße verschieden; und bei vielen, die in ihren Häusern verschieden waren, erfuhren die Nachbarn erst durch den Gestank ihrer verwesenden Körper, dass sie tot waren. Aus Furcht, ihnen könnte die Verwesung der Leichname schaden, zogen die Nachbarn die Toten aus den Häusern und legten sie vor die Türen. Von Leichenknechten wurden sie dann auf Bahren oder einfachen Brettern weggetragen. Man kümmerte sich um die Menschen, welche starben, nicht anders, als man es heute bei Ziegen täte. Da die Kirchhöfe allenthalben voll waren, hat man große Gruben gemacht und die neu Hinzukommenden zu Hunderten hineingelegt; dort wurden sie, wie im Schiffsraume die Waren, Schicht auf Schicht übereinander gestapelt und mit wenig Erde bedeckt, bis die Grube bis zum Rande voll war."

(Giovanni di Boccaccio, Das Dekameron, Erster Band, übersetzt von Albert Wesselski, Insel Verlag, Frankfurt 1972)

Lösung zu S. 58

Aufgabe 1:

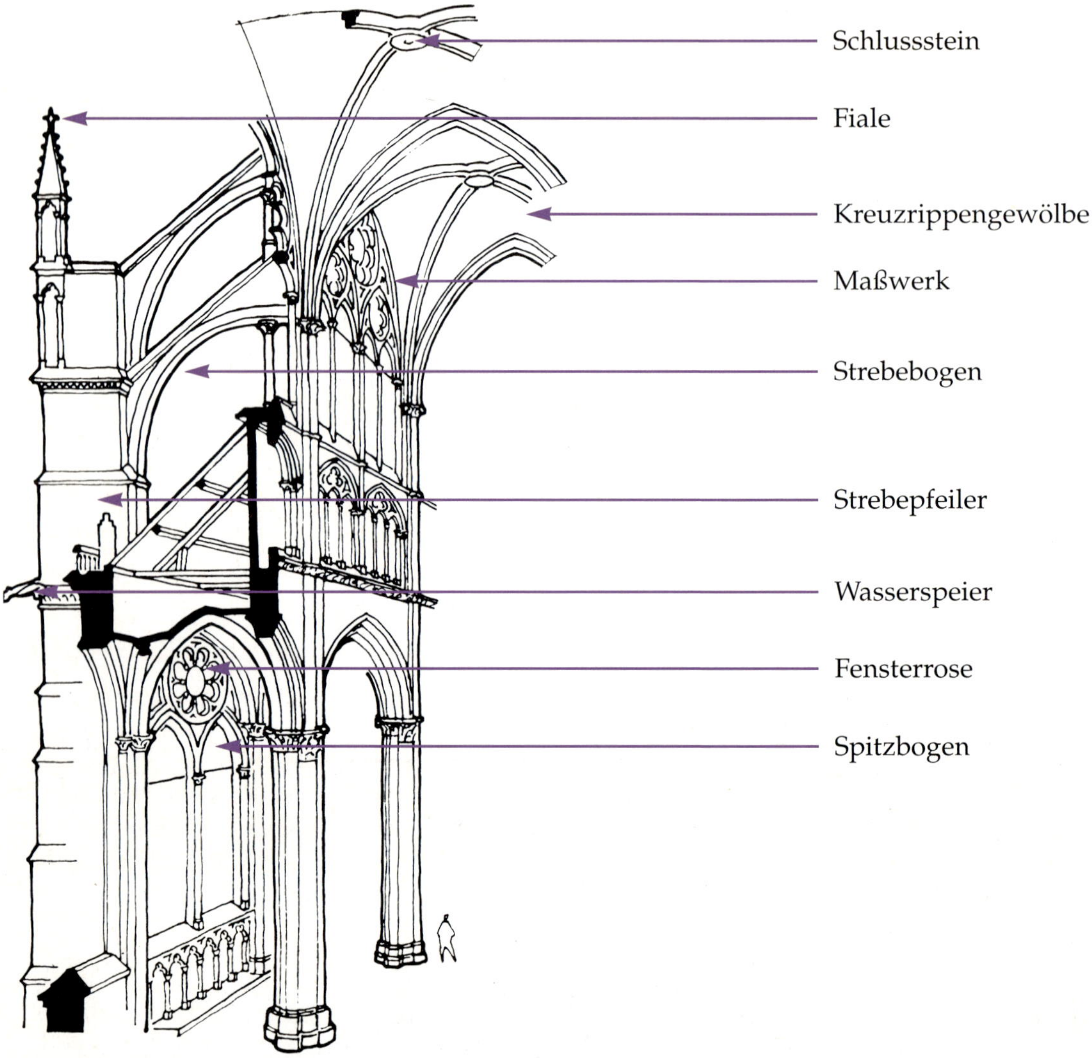

Aufgabe 2:

Typische Merkmale des gotischen Baustils sind:
- Spitzbögen,
- Auflösung der massiven Wandflächen durch große Fenster und Rosetten aus buntem Glas,
- Maßwerk,
- Kreuzrippengewölbe,
- Strebebögen, Strebepfeiler und Fialen außen,
- aufwärts strebende Bauweise.

Typische Merkmale des romanischen Baustils sind:
- Rundbögen,
- kompakte Bauweise: würfel-, quader- und pyramidenförmig,
- massive Wände mit kleinen Fensteröffnungen,
- Würfelkapitelle.

Lösung zu S. 59/60

Günter Hettinger:

„Schaut euch zunächst einmal die Konstruktionszeichnungen auf dieser Seite an. Zusammen mit den Tipps auf der nächsten Seite werdet ihr zu Meisterinnen und Meistern im Konstruieren von Fünfpassen.

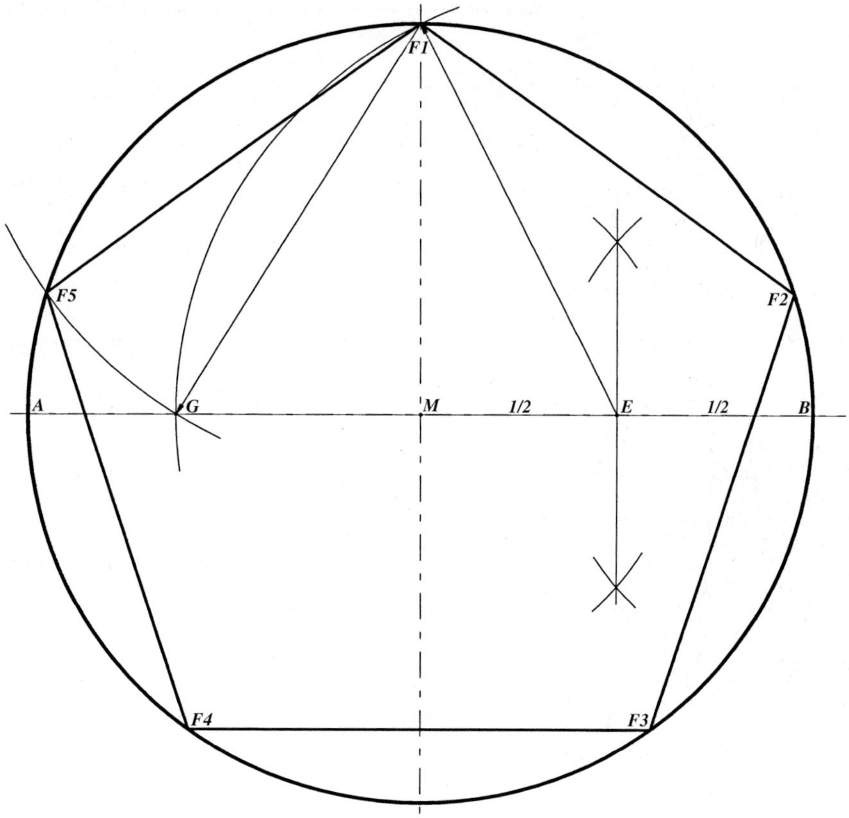

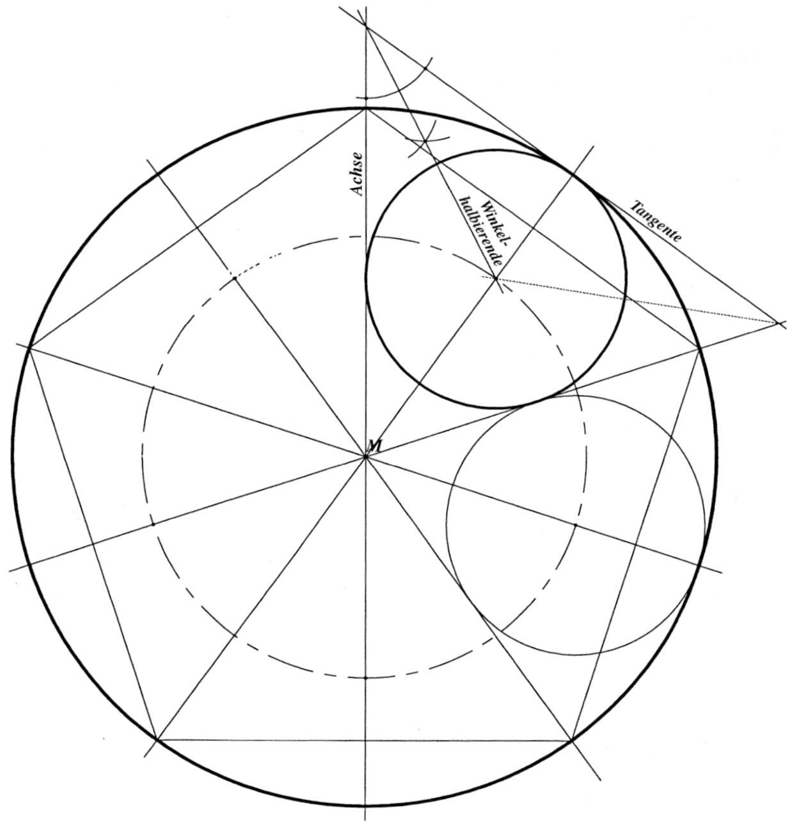

Schritt 1: Ein Fünfeck in einen gegebenen Umkreis zeichnen

Viele der Linien, die ihr nun zeichnen müsst, sind Hilfslinien zur eigentlichen Konstruktion. Zarte Bleistiftlinien, die ihr wieder ausradieren könnt, sind also genau richtig.

Die Konstruktion einer Rosette beginnt mit einem Kreis, dem so genannten Umkreis. Auf einem DIN A3-Blatt könnt ihr für seinen Radius 12 cm wählen, wenn ihr den Mittelpunkt M in die Blattmitte setzt.

Zeichnet nun eine senkrechte und eine waagerechte Achse ein, die sich genau in M schneiden.

Die Enden der waagerechten Achse bezeichnet ihr, genau wie in der Zeichnung, mit A und B.

Das obere Ende der senkrechten Achse ist der Punkt F_1.

Halbiert nun mit dem Zirkel die Strecke MB. So kommt ihr an Punkt E. Schlagt um E einen Kreis mit dem Radius EF_1. Dieser Kreis schneidet die Strecke AM in Punkt G. Die Strecke F_1G ist die Seitenlänge des Fünfecks, das jetzt von F_1 aus mit dem Zirkel auf dem Umkreis abgetragen werden kann. Bezeichnet im Uhrzeigersinn diese Punkte mit F_2 bis F_5 und zeichnet dann das Fünfeck ein.

Schritt 2: Einen Fünfpass in einen gegebenen Umkreis zeichnen

Wenn ein Kreis, wie in unserer Fensterrosette, durch fünf einbeschriebene Kreise gegliedert ist, spricht man von einem ‚Fünfpass'.

Die wichtigste Voraussetzung für die Konstruktion eines Fünfpasses, nämlich die Teilung des Umkreises in fünf gleiche Teile, habt ihr ja mit dem Zeichnen des Fünfecks schon erledigt.

Als Nächstes tragt ihr von den Punkten F_1 bis F_5 fünf Achsen ein, die jeweils den Mittelpunkt M schneiden und an den gegenüberliegenden Seiten wieder auf den Kreis treffen.

Macht auch hier wieder nur ganz dünne Bleistiftstriche und verlängert die Achsen immer ein Stück über den Kreis hinaus.

Anschließend zeichnet ihr fünf Tangenten ein, so wie es auf der Zeichnung zu sehen ist.

Die Tangenten bilden mit den Achsen Winkel. Diese Winkel halbiert ihr. Wie das geht, ist hier noch einmal skizziert:

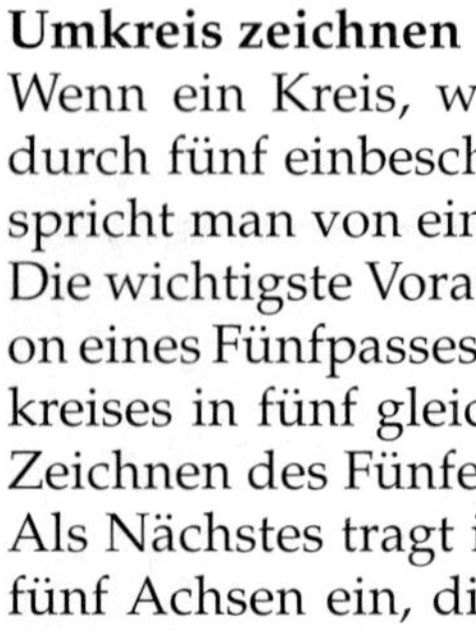

Schlagt einen Kreis um S, der den Winkel in den Punkten H_1 und H_2 schneidet. Mit zwei weiteren Kreisen um diese Punkte erhaltet ihr als Schnittpunkt H_3. Verbindet S mit H_3 zur Winkelhalbierenden. Wo sich die Winkelhalbierenden schneiden, liegt der Mittelpunkt des gesuchten Inkreises.

Es genügt vollkommen, wenn ihr nur einmal die Winkelteilung konstruiert.

Die Achse ist ja bereits vorhanden und sie ist ja auch eine Winkelhalbierende, auf der ebenfalls der Kreismittelpunkt liegt.

Wenn ihr jetzt durch den Mittelpunkt des Inkreises hindurch einen Kreis um Punkt M zeichnet, habt ihr gleich die Punkte für die anderen vier Inkreise, die alle auf den entsprechenden Punkten der anderen Achsen liegen.

Damit ist die Grundkonstruktion geschafft.

Im Inneren der Rosette wiederholt sich der Fünfpass noch einmal.

Aber mal ganz ehrlich! Wer von euch hat auch hier noch Lust auf eine exakte geometrische Konstruktion? Auch die mittelalterlichen Künstler haben oftmals mit ‚Augenmaß' gearbeitet.

Ich würde mich freuen, die schönsten eurer Rosetten auch einmal sehen zu können. Besucht mich und die anderen Glaser doch einmal in der Dombauhütte. Hier gibt es viel zu sehen. Ihr findet uns an der Hinterseite des Kölner Doms, links vom Römisch-Germanischen Museum. Zum Schluss, wie versprochen, hier noch unsere Fensterrose, reduziert auf die Umrisslinien:

Bis bald, euer Günter Hettinger."

Lösung zu S. 61

Die Leitbuchstaben der Bauten im gotischen Stil ergeben, der Reihe nach gelesen, das Lösungswort VASARI.

Im Einzelnen handelt es sich um folgende Bauwerke:

- St. Michaelis, Hildesheim (P),
- Kathedrale von Reims, Frankreich (V),

- Dom zu Speyer (B),
- Kölner Dom (A),
- Notre-Dame, Paris (S),
- Abteikirche Maria Laach, Eifel (H),
- Abteikirche Maria Laach, Eifel, Innenansicht (L),
- Bonner Münster (E),
- Kölner Dom, Innenansicht (A),
- Kloster Eberbach, Innenansicht (K),
- Dom St. Stephanus, Halberstadt, Innenansicht (R),
- Kathedrale von Wells, England (I).

(Die typischen Merkmale des gotischen bzw. romanischen Baustils könnt ihr auf S. 8 im Lösungsteil nachlesen.)

Lösung zu S. 67

Die zwölf Zunftzeichen gehören zu folgenden Handwerksberufen (von oben links nach unten rechts):
- Sattler,
- Schuhmacher,
- Metzger,
- Schneider,
- Hutmacher,
- Bäcker,
- Barbiere,
- Fischer,
- Bierbrauer,
- Gerber,
- Weber (Zunftwappen mit Weberschiffchen),
- Müller (Zunftwappen mit Mühlrad).

Lösung zu S. 69

Waid war der wichtigste Farbstoff des deutschen Mittelalters. Er ergab ein Indigoblau, ähnlich wie bei unseren Jeansstoffen heute.
Eine andere wichtige Färberpflanze war der Krapp, dessen Wurzel einen roten Farbstoff lieferte. Der Wau, eine uralte Färberpflanze, enthält in all seinen Teilen einen gelblichen Farbstoff.
Aus gekochter Erlenrinde gewann man ein dunkles Grau.

Lösung zu S. 76

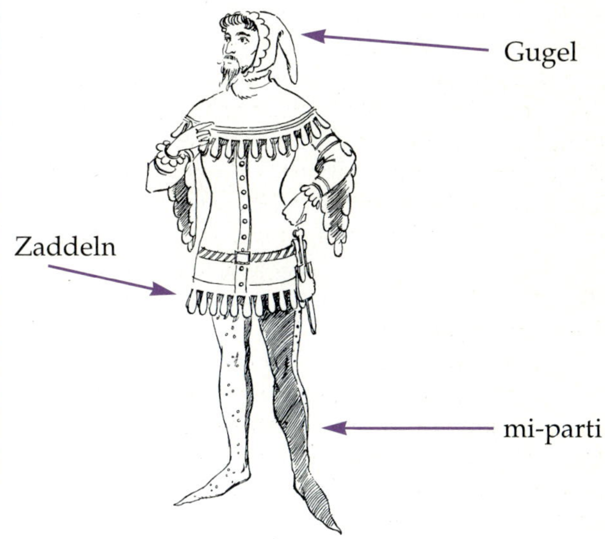

Lösung zu S. 77

Nur die Vorschriften sind richtig, bei denen die zugehörigen Buchstaben, von oben nach unten gelesen, folgenden Lösungssatz ergeben:

KLEIDER MACHEN LEUTE.

Lösung zu S. 78

Artikel 1 Absatz 1: „Die Würde des Menschen ist unantastbar. Sie zu achten und zu schützen ist Verpflichtung aller staatlichen Gewalt."
Artikel 2 Absatz 2 Satz 1: „Jeder hat das Recht auf Leben und körperliche Unversehrtheit."

Lösung zu S. 79/80

Der Name der kleinen Stadt am Main ist VOLKACH; in dieser Abfolge der Buchstaben musst du die Bilder anordnen.
In der richtigen Reihenfolge zeigen die Bilder dann folgende Szenen:

- Der Gefangene wird aus dem Stadtturm abgeholt.
- Die Henkersmahlzeit
- Der Verkläger bittet durch den Gerichtsknecht um Gehör und Beiordnung eines Fürsprechs.
- Das Verhör des Verklagten
- Verlesung von Anklage und Geständnis durch den Gerichtsschreiber
- Verurteilung zum Tode durch Brechen des Stabes
- Die Hinrichtung

Lösung zu S. 81

Das Spiel „Galgenmännchen" geht so:
Sucht sich jemand z.B. den Begriff „Diebeshand" heraus, dann kennzeichnet er sein Wort, entsprechend der Anzahl der Buchstaben, mit Unterstrichen:

__ __ __ __ __ __ __ __ __ __

Der Partner nennt einen Buchstaben aus dem Alphabet. Kommt der Buchstabe im Wort vor, so wird er an allen betreffenden Positionen eingetragen. Ist der Buchstabe im Wort nicht vorhanden, dann wird der Galgen schrittweise errichtet. Schafft der Ratende das gesuchte Wort zu nennen, bevor der Galgen vollständig aufgezeichnet ist, so gewinnt er und gibt das nächste Wort vor.
Im anderen Fall hat derjenige das Spiel gewonnen, der das zu suchende Wort vorgegeben hat, und er ist noch einmal an der Reihe.

Auf die komplette Zeichnung des „Galgenmännchens" müsst ihr euch zuvor einigen.
Hier ein Tipp für zehn falsche Antworten:

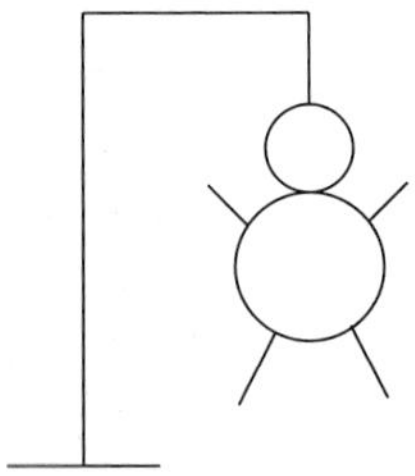

Lösung zu S. 82

Folgende Redewendungen können gefunden werden (in Klammern ist jeweils die heutige Bedeutung angegeben):

- Auf den Hund kommen
  (herunterkommen, in schlechte Verhältnisse geraten)
- Etwas auf dem Kerbholz haben
  (große Schulden haben; im übertragenen Sinne: etwas Schlechtes, ein Unrecht begangen haben, nicht schuldlos sein)
- Jemandem etwas anhängen
  (Nachteiliges von jemandem hinter seinem Rücken sagen, böse Nachrede führen, verleumden)
- Etwas ausgefressen haben
  (heimlich eine Straftat, etwas Schlechtes begangen haben)
- Ein heißes Eisen anfassen
  (an eine delikate Angelegenheit rühren)
- Jemandem einen Korb geben
  (jemandem bei einem Liebes- oder Heiratsantrag eine Abfuhr erteilen)
- Sich etwas hinter die Ohren schreiben
  (sich etwas merken)

(Nach: Rechtssprichwörter und sprichwörtliche Redensarten mit rechtlichem Inhalt, hg. vom Mittelalterlichen Kriminalmuseum mit Rechtshistorischer Sammlung zu Rothenburg ob der Tauber, Rothenburg ob der Tauber 1992)